LA SUBJECTIVITÉ À VENIR

Du même auteur
(extraits)

Ils ne savent pas ce qu'ils font. Le sinthome idéologique, Point hors ligne, 1990

Essai sur Schelling. Le reste qui n'éclôt jamais, L'Harmattan, 1997

Subversions du sujet. Psychanalyse, philosophie, politique, Presses universitaires de Rennes, 1999

Le spectre rôde toujours. Actualité du Manifeste du parti communiste, Nautilus, 2002

Vous avez dit totalitarisme? Cinq interventions sur les (més)usages d'une notion, Amsterdam, 2004

Plaidoyer en faveur de l'intolérance, Climats, 2004

Lacrimae rerum. Cinq essais sur Kieslowski, Hitchcock, Tarkovski et Lynch, Amsterdam, 2005

Que veut l'Europe? Réflexions sur une nécessaire réappropriation, Climats, 2005; rééd. Flammarion, coll. «Champs», 2007

Irak. Le chaudron cassé, Climats, 2005

Bienvenue dans le désert du réel, Flammarion, 2005; rééd. coll. «Champs», 2007

La Marionnette et le Nain. Le christianisme entre perversion et subversion, Seuil, 2006

La Seconde Mort de l'opéra, Circé, 2006

Le Sujet qui fâche. Le centre absent de l'ontologie politique, Flammarion, 2007

Fragile absolu. Pourquoi l'héritage chrétien vaut-il d'être défendu?, Flammarion, 2008

La Parallaxe, Fayard, 2008

Organes sans corps. Deleuze et conséquences, Amsterdam, 2008

Après la tragédie, la farce! Ou comment l'histoire se répète, Flammarion, 2010

Slavoj Žižek

LA SUBJECTIVITÉ À VENIR

Essais critiques

Édition établie
par Frédéric Joly et François Théron

Traduction de l'anglais de François Théron

Champs essais

ISBN : 978-2-0812-4478-8

avant-propos du traducteur

Les textes que l'on va lire ici ont été écrits entre 1998 et 2004. Slavoj Zizek est devenu depuis quelques années une figure intellectuelle majeure en Amérique (du Nord et du Sud) et est resté, mystérieusement, un quasi inconnu en France. Cette présente édition voudrait faire connaître au public français la cohérence, la persistance et la continuité d'une pensée qui excède les cadres traditionnels dans lesquels les débats intellectuels, en France, se déroulent. Depuis 1988 et son livre *Le plus sublime des hystériques, Hegel passe* (Point Hors Ligne) qui présentait la réécriture de sa thèse de doctorat sous la direction de Jacques-Alain Miller au département de psychanalyse de l'Université Paris VIII, la méthode est la même : convoquer, aujourd'hui, la philosophie au regard de Lacan. Non pas psychanalyser la philosophie ou faire une philosophie de la psychanalyse mais mettre au travail deux modes de la pensée et faire penser à partir de leur rencontre. Si les objets d'analyse sont ici divers (le cinéma et la culture dite « populaire », la religion, la virtualisation de nos vies quotidiennes, etc.), les modes opératoires de l'analyse restent identiques et, à chaque fois, la « rencontre de l'imaginaire » renouvelée. Les textes ici rassemblés fonctionnent ainsi comme autant d'essais critiques (« essai » au sens de Montaigne et « critique » au sens de Kant) qui convergent tous vers la question du sujet. Plus que dans l'économie, le combat du sujet doit peut-être, et tout d'abord, se gagner désormais dans l'idéologie. Et il n'est pas innocent à cet égard que ledit combat se situe aussi dans un dialogue fécond et critique, précisément, avec ce qu'il est d'usage de nommer, depuis les années 1950, l'« École de Francfort ».

La question du sujet est posée d'abord : sa défaite annoncée par la « postmodernité » et le « monde virtuel » est-elle si sûre ? La « postmodernité », analysée exemplairement par Jean-François Lyotard comme la faillite des « grands récits », signe peut-être moins la disparition prochaine du sujet que la nécessité structurale de le réaffirmer, de réaffirmer en fait sa « dépendance » au symbolique, dans le cadre d'une pensée qui considère que l'histoire n'a pas dit son dernier mot. Si les problématiques du sujet semblent aujourd'hui dépassées ou remises en question par les nouveaux agencements de la subjectivité (de Foucault à Deleuze), si le sujet est un problème parfois considéré comme appartenant au passé, relevant essentiellement d'une histoire révolue, « déconstruite », Lacan intervient comme moment « cartésien », indispensable de nos jours, pour proposer un nouveau jeu qui fait du sujet du « passé » un enjeu à venir. *Jouer à celui qui n'aura pas le dernier mot* : ainsi pourrait se résumer la nécessité, aujourd'hui, de reposer la problématique d'un sujet de la modernité s'affrontant, à l'extérieur, aux blessures de l'histoire, et luttant, de l'intérieur, contre l'hégémonie de l'injonction surmoïque lui prescrivant la dissolution dans une jouissance festive et obscène.

Le combat pour la subjectivité se situe, chez Zizek, tout autant dans la dimension de la réalité sociale et de la lucidité à l'égard de ses transformations récentes, qu'au champ du réel, en tant que le réel se distingue de la réalité (sociale, fantasmatique, etc.). Le réel, c'est ce reste de toute histoire qui échoit au sujet, excédant le sujet lui-même. Le réel est sa part la plus intime et en même temps la plus étrangère, la condition même de la subjectivation. L'apport de Lacan permet ainsi de passer du « sujet supposé croire », du « crétin naïf » comme l'écrit Zizek, au « sujet supposé savoir », sujet de la science, sans cesser d'être, et de devenir, sujet du désir. *Tu peux savoir*, nous assure Zizek après Lacan.

Deux cas concrets et récents qui d'ailleurs ont provoqué en France un intense débat (*The Matrix* des frères Wachowski et *La Passion* de Mel Gibson) viennent illustrer la question théorique et ses implications pratiques. Ils sont l'occasion de mettre concrètement au travail les avancées théoriques précédentes. Il ne s'agit pas pour Zizek de poser le problème de ces films dans une dimension simplement esthétique ou simplement philosophique (mais il n'y a pas de simples problèmes esthétiques ou de simples problèmes philosophiques). Là encore, c'est la même question qui est posée : où est le réel du sujet ? Comment le situer aujourd'hui dans son nouage au symbolique (en crise) et à l'imaginaire idéologique (capitaliste, fondamentaliste ou New Age) ?

La troisième partie du présent recueil vient montrer la nécessité d'une réappropriation critique des imaginaires « politico-esthétiques ». À cet égard, le tournant musical de Zizek, son intérêt croissant pour l'opéra dans la continuité de son analyse des imaginaires d'Hollywood (de ses fantasmes) méritait de conclure l'ouvrage. Reposer le « cas Wagner » aujourd'hui, c'est sans doute à la fois dénouer les automatismes qui nous font directement associer telle esthétique à telle politique en même temps que renouer avec l'histoire et ses formes.

Du nouveau, donc, sur le sujet ? *Wo es war, soll Ich werden* (« Là où c'était, le sujet doit advenir », selon Lacan qui traduit ainsi l'axiome freudien) : a-t-on beaucoup progressé ?

À venir : moins le livre, d'abord, ou la communauté, que la nécessaire subjectivation du monde tel qu'il est.

François Théron
Montpellier, septembre 2004

I

Le Sujet Interpassif*

Le réel et le fantasme

Lorsque Gilles Deleuze tente de rendre raison du bouleversement décisif dans l'histoire du cinéma représenté par le passage de l'image-mouvement à l'image-temps[1], il fait référence à l'impact traumatique de la Seconde Guerre mondiale (sensible depuis le néoréalisme italien jusqu'au film noir américain). Cette référence est parfaitement adéquate à la critique anticartésienne globale de Deleuze. La pensée ne vient jamais au jour spontanément, d'elle-même, dans l'immanence de ses principes; ce qui nous incite à penser est toujours une rencontre traumatique, violente, avec un réel extérieur qui s'impose brutalement à nous, remettant en cause nos façons habituelles de penser. En tant que telle, une pensée véritable est toujours décentrée: on ne pense pas spontanément, on y est contraint.

Doit-on pour autant en conclure que, concernant le rapport entre l'art et l'histoire, nous en revenons à la bonne vieille thèse réductionniste pseudo-marxiste (ou plutôt sociologisante) du conditionnement social de l'art? En sommes-nous rendus, de nouveau,

* *NdT*: Une première version de ce texte a paru dans le numéro 3 de la revue *Traverses* du Centre Georges Pompidou en 1998.

1. G. Deleuze, *L'image mouvement, L'image temps*, Minuit, 1985.

à lire les révolutions de l'art comme des expressions directes des soulèvements sociaux? L'essentiel, ici, est d'établir la différence entre la réalité (sociale) et le réel. Prenons le réel qui a bouleversé notre conception de l'art: l'Holocauste. Rappelons-nous le fameux « Pas de poésie après Auschwitz » d'Adorno et ce qu'il implique. Car l'Holocauste ne relève pas simplement du phénomène de la réalité sociale. Son impact traumatique réside précisément dans le fait qu'il n'est pas possible d'en faire le récit en l'intégrant dans l'univers symbolique qui le précède; l'impact traumatique, c'est très exactement l'impossibilité des possibilités narratives qui lui préexistent. Le réel de l'histoire, c'est ce qui résiste à l'historicisation.

Ce concept de réel permet ainsi d'évaluer le caractère spécifique de la « nouvelle vague » des documentaires de la fin des années 1980 et du début des années 1990 dont *Shoah*, de Claude Lanzmann [2], reste le paradigme. Ces films, en effet, s'écartent de toute référence naïve à une réalité extérieure à la fiction cinématographique sans pour autant tomber dans le piège « postmoderniste » du libre jeu des simulacres où c'est la notion même de référent qui s'évanouit. *Shoah* représente le trauma de l'Holocauste comme un au-delà de la représentation qui ne peut être reconnu qu'à

2. Voir l'incomparable analyse de Linda Williams dans « Mirrors without Memories - Truth, History, and the New Documentary », *Film Quarterly*, vol. 46, numéro 3, printemps 1993, pp. 9-21.

travers les traces qu'il a laissées, les témoins survivants, les monuments commémoratifs. La raison de l'impossibilité de cette représentation ne réside pas simplement dans le fait qu'elle est « trop traumatique », mais plutôt dans le fait que nous, les sujets qui le considérons, sommes toujours impliqués et toujours partie prenante du processus qui l'a engendré (qu'on se souvienne de cette scène de *Shoah* dans laquelle des paysans polonais d'un village situé près du camp de concentration, interviewés de nos jours, disent encore trouver les Juifs « bizarres », c'est-à-dire répètent la logique même qui a conduit à l'Holocauste...). Il n'existe donc pas quelque chose de plus étranger que *Shoah* à cette idéologie pseudo-Rashomon [3] où la réalité s'évapore dans la multiplicité des points de vue. Le noyau de réel autour duquel se construit le film est à la fois bien plus proche et bien plus éloigné que le référent « réaliste » traditionnel: plus éloigné puisqu'il est pensé comme intrinsèquement irreprésentable, comme quelque chose qui résiste en-soi à toute intégration dans une narration, mais plus proche aussi puisque le film se conçoit lui-même comme une intervention dans ce qu'il décrit. La transcendance radicale du réel (le poser comme irreprésentable, hors d'atteinte de nos représentations) coïncide avec son immanence radicale (le fait qu'entre nous et le réel, la distance qui est supposée séparer le contenu représenté du sujet percepteur-

3. Du film *Rashomon* (1950) d'Akira Kurosawa.

récepteur, n'est pas clairement établi). Le sujet est directement partie prenante, intégré dans le contenu irreprésentable qui, par conséquent, reste irreprésentable en raison même de cette trop grande proximité.

Je serais tenté d'affirmer qu'aujourd'hui, à notre époque de permissivité et d'uniformisation sexuelles, la différence sexuelle peut également se rattacher à cette conception du réel. Un récent spot publicitaire anglais vantant les mérites d'une marque de bière montre à quel point le malaise de la différence sexuelle a pénétré nos consciences. La première partie met en scène un conte de fées bien connu. Une jeune fille marche le long d'un fleuve. Elle aperçoit un crapaud, le prend doucement dans son giron, l'embrasse et, bien sûr, le vilain crapaud se transforme comme par miracle en un beau jeune homme. Mais l'histoire n'est pas finie. Le jeune homme lance à la jeune fille un coup d'œil de convoitise, l'attire vers lui, l'embrasse et la jeune fille se transforme en une bouteille de bière qu'il brandit triomphalement... En ce qui concerne la femme, son amour (indiqué par le baiser) fait d'un crapaud un bel homme, une présence phallique pleine et entière (en mathèmes lacaniens, grand phi); l'homme, en revanche, réduit la femme à un objet partiel, cause de son désir (l'objet *a* de Lacan). En raison de cette asymétrie dont la conclusion est qu'« il n'y a pas de rapport sexuel », on a: soit une femme avec un crapaud, soit un homme avec une bouteille de bière. Ce que l'on n'obtient jamais, c'est le couple « attendu » de la jolie fille et du bel homme. Pourquoi? Parce que le support fantasmatique de ce « couple idéal » aurait été la figure inconsistante d'un crapaud embrassant une bouteille de bière [4].

La leçon à en tirer est que l'on n'atteint pas le réel en levant le voile du fantasme pour se confronter à la dure réalité. Le réel ne se découvre qu'à travers l'inconsistance du fantasme, dans le caractère antinomique du support fantasmatique et de notre expérience de la réalité. Dans cette publicité pour la bière, chacun des deux sujets est impliqué dans son propre univers fantasmatique subjectif: la fille fantasme sur le crapaud qui en réalité est un jeune homme, l'homme sur une fille qui en réalité est une bouteille de bière. Le geste subversif consiste ici à « embrasser simultanément et dans le même lieu la multitude des éléments fantasmatiques inconsistants » – c'est-à-dire à faire quelque chose de semblable à un tableau à la Magritte qui représenterait un crapaud embrassant une bouteille de bière et qui s'intitulerait *Un homme et une femme* ou *Le Couple idéal*. Et n'est-ce pas le devoir

4. Il va de soi que, pour les féministes, l'expérience de l'amour que fait une femme dans la vie quotidienne équivaut plutôt à la transformation inverse: elle embrasse un beau jeune homme mais alors qu'elle s'est trop approchée de lui, c'est-à-dire alors qu'il est trop tard, elle s'aperçoit qu'en réalité c'est un crapaud...

L'association avec le fameux « singe mort sur un piano » surréaliste est ici tout à fait justifiée, puisque les surréalistes pratiquaient aussi une certaine forme de « traversée du fantasme » ; notons au éthique de l'artiste aujourd'hui que de nous confronter à un crapaud embrassant une bouteille de bière alors que nous ne rêvons que d'embrasser notre bien-aimée?

La forme dominante de la rencontre violente qui, à l'encontre de nos instincts spontanés, nous force à penser aujourd'hui, c'est l'impact massif de l'espace cybernétique sous la double forme du cyberespace de la digitalisation et de la virtualisation de notre vie quotidienne. La preuve du caractère traumatique de cet impact tient, encore une fois, au caractère inconsistant, antinomique, de nos façons d'y réagir: l'espace cybernétique est à la fois salué comme ouvrant de nouvelles possibilités de pensée sauvage, et redouté comme annonçant la fin de la pensée proprement dite, la réduction de l'homme à un animal réagissant à des stimuli extérieurs; à la fois salué comme la possibilité de réunir le monde dans un village global, et redouté comme annonçant la fin des rencontres intersubjectives authentiques; à la fois salué comme ouvrant la possibilité de nouvelles formes d'art, et redouté comme indiquant la fin de la créativité artistique... L'interactivité est évidemment le grand thème de l'espace cybernétique. C'est désormais un lieu commun de souligner qu'avec les nouveaux médias

passage, que, dans une publicité récente pour la bière américaine Budweiser, on voit effectivement une langue de crapaud collée sur une bouteille de bière.

électroniques, la contemplation passive d'un texte ou d'une œuvre d'art est terminée: je ne me contente plus de regarder fixement l'écran, j'interagis progressivement avec l'écran, j'entre avec l'écran dans un rapport de dialogue (depuis le choix que je fais des programmes, jusqu'au fait d'influencer l'issue de l'intrigue dans ce que l'on nomme les « récits interactifs », en passant par ma participation à des débats au sein de la communauté virtuelle). Ceux qui accordent un grand prix au potentiel démocratique des nouveaux médias insistent sur le fait que l'espace cybernétique ouvre à une majorité de gens la possibilité de rompre avec le rôle d'observateur passif d'un spectacle que d'autres ont mis en scène. On participe activement au spectacle, on peut même en établir les règles, ou les changer… Cependant, le revers de la médaille n'est-il pas l'interactivité au sens transitif du terme (l'autre est actif pour moi, à ma place; j'agis à travers l'autre, lequel me rend de plus en plus dépendant de ma prothèse digitale et incapable d'agir directement)? Le sujet est peu à peu dépossédé, privé de ses facultés les plus intimes.

Dès lors, comment résoudre cette équivoque: interagir avec la machine ou bien laisser la machine agir pour moi? La solution, à mon sens, consiste à changer de perspective pour se concentrer sur une autre forme, bien plus étrange, de décentrement. L'impact vraiment inquiétant des nouveaux médias ne résiderait pas dans le fait que les machines nous arrachent la part active de notre être, mais, à l'exact opposé, dans le fait que les machines digitales nous privent de la dimension passive de notre vécu: elles sont « passives pour nous ». Comment? Le meilleur moyen d'aborder ce problème consiste sans doute encore à réutiliser la vieille problématique marxiste du fétichisme de la marchandise.

Le fétiche entre structure et humanisme

Selon la définition marxiste classique, le fétichisme de la marchandise pose le problème d'un « rapport entre les choses (les marchandises) » qui se substitue aux « rapports entre les gens »: les gens perçoivent (à tort) leurs rapports sociaux dans les termes d'un rapport entre des choses. Cette définition est plus énigmatique qu'il n'y paraît puisqu'elle touche au mystère de la substitution et/ou du déplacement: comment est-il ontologiquement possible que les plus intimes des rapports entre les gens se déplacent sur des « rapports entre les choses » (et *a fortiori* que ces derniers s'y substituent)? C'est-à-dire (et cela vaut vraiment d'être inlassablement redit) que, dans la notion marxiste du fétichisme, la puissance de l'inversion fétichiste porte non pas sur ce que les gens pensent qu'ils sont en train de faire mais sur leur activité sociale elle-même. Un sujet bourgeois typique par exemple, dans son attitude consciente, se comporte exactement comme un nominaliste utilitariste. Cependant dans le cadre de son activité sociale, dans les échanges sur le marché, il agit comme si les marchandises n'étaient pas de simples objets mais des objets dotés de pouvoirs spéciaux, des « lubies théologiques ». Autrement dit, les gens sont tout à fait conscients de l'état réel des choses, ils savent parfaitement que l'argent marchandise n'est qu'une forme réifiée de l'apparence des rapports sociaux, c'est-à-dire que sous les « rapports entre les choses », il y a des « rapports entre les gens ». Mais le paradoxe, c'est que, dans leur activité sociale, ils agissent comme s'ils ne le savaient pas et continuent de poursuivre l'illusion fétichiste. La croyance fétichiste, l'inversion fétichiste, se déplacent sur les choses, s'incarnent dans ce que Marx appelle les « rapports sociaux entre les choses »: dans le fétichisme de la marchandise, ce sont les choses qui croient à notre place.

Ce phénomène est bien plus répandu qu'il n'y paraît. Selon l'anecdote anthropologique bien connue, les soi-disant primitifs auxquels on attribue certaines croyances superstitieuses (comme, par exemple, le fait que leur tribu descendrait d'un animal, d'un oiseau ou d'un poisson) ont bien raison de répondre, si on les questionne directement à ce sujet: « Non, bien sûr, nous n'y croyons pas, nous ne sommes pas si naïfs; mais certains de nos ancêtres semblent y avoir vraiment cru... » Ils déplacent immédiatement leurs croyances, les transférant sur d'autres. Quant à nous, n'agissons-nous pas de même avec nos enfants? Nous perpétuons le rite du Père Noël, par exemple, parce qu'ils y croient (ou du moins sont censés y croire) et que nous ne voulons pas les décevoir. Les enfants eux-mêmes revendiquent cette croyance pour obtenir des cadeaux et ne pas décevoir les parents. Ce besoin de trouver quelqu'un d'autre qui « y croit vraiment », n'est-ce pas aussi ce qui nous pousse à taxer l'autre de « fondamentalisme » (religieux ou ethnique)? Étrangement, la croyance semble toujours opérer sous la forme d'une telle « croyance à distance ». Pour que la croyance fonctionne, il faut qu'elle ait un garant ultime, bien que ce dernier soit toujours différé, déplacé, qu'il ne soit jamais présent en personne.

L'erreur qu'il faut surtout éviter ici, c'est l'adoption de l'hypothèse « humaniste » en vertu de laquelle cette croyance incarnée dans les choses, déplacée sur les choses, ne serait rien d'autre que la forme réifiée d'une croyance humaine directe: la tâche assignée à la reconstitution phénoménologique de la genèse de la « réification » serait alors de démontrer comment la croyance humaine a été à l'origine transposée sur les choses… Le paradoxe qu'il faut maintenir, c'est que le déplacement est originel et constitutif: il n'existe pas de subjectivité immédiate, vivante et présente à soi à laquelle pourrait être attribuée la croyance incarnée dans les « choses sociales » et qui en serait ensuite dépossédée. La plupart des croyances, et ce sont les plus fondamentales, sont d'emblée « décentrées » et sont des croyances à attribuer à l'Autre. Le phénomène du « sujet supposé croire » – il me semble que le terme a été introduit par Michel de Certeau – est universel et structurellement nécessaire. Le sujet parlant déplace dès le départ sa croyance sur le grand Autre, ce qui instaure un ordre du pur semblant, de sorte que le sujet « n'y a jamais vraiment cru ». Dès le départ, le sujet se réfère à quelque autre décentré à qui il impute la croyance. Je crois que cela se vérifie également dans la vie quotidienne. C'est ce qui est au cœur de ce qu'on appelle la politesse. Lorsque je rencontre quelqu'un de ma connaissance par exemple, il est d'usage de dire : « Ravi de vous voir, etc. » Bien que je sache pertinemment, et il sait que je le sais, qu'il s'agit d'un énoncé purement formel, ce n'est pas pour autant hypocrite : cela fonctionne à travers l'autre, et ma sincérité, d'une certaine manière, est réelle. Aussi devrait-on répondre à la platitude conservatrice (tous les moralistes de droite, aujourd'hui, parlent de platitude) selon laquelle tout honnête homme éprouve un besoin profond de croire en quelque chose, que tout honnête homme a en fait le besoin profond de trouver un *autre* sujet qui croie à sa place…

Le sujet supposé croire

Afin de déterminer convenablement la portée de cette idée du sujet supposé *croire* au fondement de la structure de l'ordre symbolique, il faudrait l'opposer à une autre idée, mieux connue: celle du sujet supposé *savoir*. Notons que quand Lacan parle du sujet supposé savoir, on oublie habituellement de souligner combien cette idée n'est pas la norme mais l'exception; exception qui n'a de valeur que par opposition au *sujet supposé croire*, envisagé comme conception normative de l'ordre symbolique. Qu'est-ce donc que le « sujet supposé savoir »? Dans la série télévisée *Colombo*, nous voyons le crime en train de s'accomplir avant l'entrée en scène du détective et savons donc, nous spectateurs, par avance, qui est l'assassin. Ainsi, l'énigme à résoudre – et c'est la dimension tout à fait novatrice de cette série – ne revient pas à la question de savoir qui a commis le crime, mais à la manière dont le policier va établir le lien entre les apparences trompeuses (le « contenu manifeste » de la scène du crime) et la vérité sur le crime (sa « pensée latente »). Le succès de *Colombo* témoigne ainsi du fait que le véritable motif d'intérêt d'une œuvre policière tient au processus de déchiffrement lui-même et non à sa résolution (la révélation finale triomphante: « Et l'assassin est… » est complètement absente ici puisque nous le savons dès le début).

Et ce qui est plus important encore, c'est que non seulement nous, spectateurs, savons par avance qui est l'assassin (puisque nous l'avons directement vu en train d'accomplir le crime), mais que, inexplicablement, l'inspecteur Colombo lui-même le sait immédiatement: dès qu'il examine le lieu du crime, dès qu'il rencontre le coupable, il est absolument certain, il sait, tout simplement, que c'est lui le coupable. Ce renversement de l'ordre « normal » a des connotations nettement théologiques: croyant préalablement en l'existence de Dieu, je serai sensible aux preuves de la vérité de ma foi. Ici aussi, Colombo sait dès l'origine qui a commis le crime, d'une certitude mystérieuse mais qui n'en est pas moins absolument infaillible, pour ensuite, sur la base de ce savoir inexplicable, se mettre à réunir les preuves… Et c'est au fond, certes d'une manière légèrement différente, ce dont il s'agit avec l'analyste considéré comme « sujet supposé savoir »: lorsque l'analysant entre dans la relation transférentielle avec l'analyste, il a la même certitude absolue que ce dernier connaît son secret (ce qui signifie tout simplement que le patient est *a priori* « coupable », qu'il existe une signification secrète à déchiffrer dans ses actes). L'analyste n'est donc en rien un empiriste anglais qui mettrait le patient à l'épreuve de diverses hypothèses, qui chercherait des preuves, etc. Il incarne la certitude absolue (celle que Lacan compare à la certitude cartésienne du *cogito ergo sum*) de la « culpabilité » du patient, c'est-à-dire de son désir inconscient. Il faut donc ici opposer l'attitude de Lacan à celle typique que j'ai rencontrée chez beaucoup de mes amis américains en analyse aux États-Unis. Là-bas encore, l'analyste fonctionne à la manière du sujet supposé croire, du crétin naïf. Mes amis me disent: « J'ai des problèmes psychiques, je suis obsessionnel, impuissant, donc, je vais chez un psychanalyste. Ce sont des bêtises, je n'y crois pas; mais lui, l'analyste, il y croit et sans doute peut-il m'aider. » Et voilà comment on devient naïf à travers l'autre, tout simplement.

Ces deux idées, celle du sujet supposé croire et celle du sujet supposé savoir, ne sont pas symétriques pour la simple raison que croyance et savoir eux-mêmes ne sont pas symétriques. Le statut radical du grand Autre (lacanien), en tant qu'institution symbolique, se rapporte à la croyance et non au savoir, dans la mesure même où la croyance relève du Symbolique et le savoir du réel (c'est le grand Autre qui implique et conditionne le rapport de « confiance »). Les deux sujets ne sont donc pas en position symétrique puisque croyance et savoir ne sont pas symétriques: la croyance est toujours minimalement « réflexive », c'est toujours une « croyance en la croyance de l'autre » (« je crois encore au communisme » revient à dire: « je crois qu'il y a encore des gens qui croient au communisme ») alors que le savoir ne se justifie précisément pas du fait que quelqu'un d'autre « sait ». C'est pour cette raison que je peux CROIRE à travers l'autre, mais que je ne peux pas SAVOIR à travers l'autre. Ce qui veut dire, en raison de la réflexivité de la croyance, que lorsqu'un autre croit à ma place, je crois moi-même à travers lui. Le savoir, en revanche, n'est pas réflexif de cette manière; ce qui signifie que lorsque l'autre est supposé savoir, ce n'est pas pour autant que j'en sais plus.

L'interpassivité

Mais ce rapport de substitution ne se limite pas au couple de la croyance et du savoir. Il en va de même pour chacune des attitudes et chacun des sentiments les plus intimes du sujet, pleurs et rire compris. Il suffit de rappeler ici la vieille énigme des émotions transposées/déplacées chez les pleureuses, ces femmes que l'on payait dans les pays soi-disant primitifs pour pleurer lors des obsèques, ou bien d'évoquer la possibilité d'incarner un personnage à l'écran dans l'espace virtuel. Quand je construis une fausse image de moi qui me remplace au sein de la communauté virtuelle à laquelle je participe (notons que dans les jeux sexuels, par exemple, les hommes timides prennent souvent le rôle d'une femme séduisante qui couche avec n'importe qui), les émotions que je ressens et feins de ressentir comme faisant partie de mon personnage à l'écran ne sont pas simplement fausses: bien que (ce que j'éprouve comme) mon vrai moi ne les ressente pas, elles n'en sont pas moins vraies dans un certain sens. Il en va de même, par exemple, pour ce qu'on appelle au Tibet le moulin à prières. Il s'agit d'un phénomène assez mystérieux, il faut le dire: le sujet met à l'intérieur du moulin à prières un papier, puis il le tourne; le mystère, c'est que je peux tout à fait penser à autre chose pendant que ça tourne, à des fantaisies sexuelles par exemple; objectivement, qu'est-ce que je fais? Je prie. Mais, me direz-vous, ceci n'est valable que pour des sociétés primitives [5]. Si on passe, à l'autre extrême, aux États-Unis, au *canned laughter*, ce que l'on appelle ici, je crois, le rire en boîte (le rire inclus dans la bande sonore d'une série télévisée), le mystère, alors, quel est-il? C'est que, lorsque je regarde une telle série, je ne ris pas, je me contente de fixer l'écran, fatigué après une dure journée de travail. Et cela fonctionne: c'est la télé qui rit pour moi, c'est un grand soulagement. C'est donc bien la preuve, empirique, que l'on n'a pas beaucoup progressé par rapport aux sociétés primitives. C'est ce que vise la notion lacanienne de décentrement du sujet: mes sentiments les plus

5. Avant de s'habituer aux rires préenregistrés, on a, normalement, un petit moment de malaise: ma première réaction fut pour ma part d'en être choqué, tant il est difficile d'accepter que la machine soit en train de « rire pour soi », et sans doute y a-t-il quelque chose d'intrinsèquement obscène dans ce phénomène. Cependant, on s'y habitue et on finit par trouver ça « naturel ».

intimes peuvent être « externalisés » radicalement. Il est normal que je puisse, littéralement, rire ou pleurer « à travers l'autre ».

Cela nous ramène à mon titre, à savoir l'étrange phénomène de l'interpassivité [6]: l'envers nécessaire de mon interaction avec l'objet n'est-il pas cette situation où l'objet lui-même s'approprie ma propre réaction passive de satisfaction (ou d'ennui ou de rire), m'en prive, de sorte que c'est l'objet lui-même qui prend plaisir au spectacle à ma place, me soulageant du devoir « surmoïque » de m'amuser...? De nos jours, selon les récentes enquêtes américaines, même la pornographie fonctionne de plus en plus de façon interpassive. Les films classés X ne sont plus, avant tout, des moyens destinés à exciter l'utilisateur dans son activité solitaire de masturbation. Le simple fait de regarder l'écran sur lequel a lieu l'action est suffisant, c'est-à-dire qu'observer comment les autres prennent du plaisir à ma place suffit à ma satisfaction.

Dans le domaine politique, l'un des exemples frappants et récents d'interpassivité se décrypte dans l'appréhension des intellectuels de gauche multiculturalistes s'inquiétant du fait que même les musulmans, ces grandes victimes du conflit yougoslave, renoncent dorénavant à la vision

6. Je m'appuie ici sur la contribution de mon ami Robert Pfaller, jeune philosophe autrichien, au congrès *Die Dinge lachen an unsere Stelle*, Linz (Autriche), 8-10 octobre 1996.

pluraliste multiethnique de la Bosnie et prétendent que si les Serbes et les Croates veulent une unité ethnique clairement définie, eux aussi, les Bosniaques, ont le droit de revendiquer leur propre espace ethnique. Ce « regret » gauchiste constitue, à mon avis, le pire des racismes multiculturalistes. Comme si l'Occident libéral, au cours des cinq dernières années, n'avait pas littéralement poussé les Bosniaques à créer leur propre enclave ethnique. Quoi qu'il en soit, ce qui nous intéresse ici, c'est la manière dont la « Bosnie multiethnique » n'est que la dernière en date de la série des figures mythiques de l'Autre à travers laquelle les intellectuels occidentaux de gauche ont mis en scène leurs fantasmes idéologiques. Ces intellectuels ne sont « multiethniques » qu'à travers les Bosniaques, ce qui leur permet de sortir, par exemple, du paradigme cartésien en admirant la sagesse originelle des Américains des premiers temps ou que sais-je encore… de la même façon que dans les dernières décennies, dans les années 1960-1970, ils étaient révolutionnaires en admirant Cuba, ou bien socialistes démocratiques en souscrivant au mythe de l'autogestion socialiste yougoslave, etc. Et dans toutes ces situations, cela ne leur a pas interdit de poursuivre paisiblement leur petite existence bourgeoise d'universitaire tout en exerçant leur devoir progressiste à travers l'Autre.

Ce paradoxe de l'interpassivité qui consiste à croire ou à jouir à travers l'autre permet aussi d'esquisser une nouvelle approche de la question de l'agressivité. L'agressivité se déclenche chez le sujet lorsqu'un autre sujet, à travers qui le premier croit ou jouit, agit de telle sorte qu'il dérange le fonctionnement de la relation transférentielle. Reprenons notre exemple de ces universitaires occidentaux gauchistes face à la désintégration de la Yougoslavie: puisque la croyance de ces mandarins était remise en cause par le fait que le peuple de l'ex-Yougoslavie s'était débarrassé du socialisme (l'avait « trahi »), c'est-à-dire les empêchait de persister dans leur foi en un socialisme autogestionnaire « authentique » à travers cet Autre qui s'en chargeait pour eux, quiconque ne partageait pas leur « yougo-nostalgie » était immédiatement taxé de nationalisme proto-fasciste. Le cas de Peter Handke est ici exemplaire. Pendant de longues années, il a vécu de façon interpassive à travers les Slovènes (sa mère était slovène) une vie « authentique », dégagée de la corruption de la société de consommation capitaliste occidentale. Pour lui, la Slovénie était un pays où les mots se rapportaient directement aux choses (dans les magasins, selon Handke, le lait était tout simplement appelé « lait », le pain, « pain »; le piège des marques commercialisées y était absent, etc.). C'était bien sûr un pur fantasme. Or, l'indépendance de la Slovénie et le fait qu'elle ait consenti à rejoindre l'Union européenne a provoqué chez Handke une violente agressivité: dans ses écrits récents, il traite les Slovènes d'esclaves du capitalisme autrichien et allemand qui auraient vendu leur héritage à l'Ouest… Et ce, uniquement parce que son jeu interpassif a été dérangé, c'est-à-dire pour la raison même que les Slovènes ne se comportaient plus de la manière qui lui permettait à lui d'être authentique, à travers eux, de manière interpassive. Il n'est donc pas étonnant qu'il se soit retourné vers la Serbie pour la saluer comme le dernier vestige de l'authenticité en Europe, comparant les Serbes bosniaques en train d'assiéger Sarajevo à des Indiens d'Amérique assiégeant un camp de colons blancs. Alors, ce sont les Serbes qui sont devenus les partenaires interpassifs.

Le sujet supposé jouir

Ne mélangeons-nous pas toutefois plusieurs phénomènes sous le nom d'interpassivité? Ne doit-on pas établir une distinction entre l'Autre qui assume pour moi la dimension « monotone » et mécanique des obligations de routine et l'Autre qui prend en charge ma jouissance en m'en dispensant? Le fait d'être « soulagé de sa jouissance » n'est-il pas un paradoxe vide, voire, au mieux, un aimable euphémisme exprimant le fait d'en être tout simplement privé? La jouissance, justement, n'est-elle pas quelque chose qui précisément ne peut pas s'accomplir à travers l'Autre? Au niveau de la simple observation psychologique, on peut déjà répondre en faisant état de la profonde satisfaction que peut ressentir un sujet (par exemple un père ou une mère) à l'idée que son fils ou sa fille bien-aimé(e) arrive à prendre du plaisir à quelque chose ; un parent aimant peut littéralement jouir à travers la jouissance de l'Autre… Mais force est de constater qu'un phénomène bien plus étrangement inquiétant est ici à l'œuvre : le seul moyen de rendre vraiment compte de la satisfaction et du pouvoir libérateur procuré par le fait d'être capable de jouir à travers l'Autre (c'est-à-dire d'être soulagé de sa propre jouissance en la déplaçant sur l'Autre) est de postuler que la jouissance elle-même ne relève pas d'un état immédiat et spontané mais se soutient d'un impératif du surmoi : comme Lacan n'a cessé d'y attirer l'attention, le contenu de l'injonction surmoïque revient en dernier ressort à un quasi-commandement : « Jouis ! »

Il faut, pour bien saisir ce paradoxe, élucider tout d'abord l'opposition entre la Loi (symbolique) et le surmoi. La Loi, en tant qu'elle se décrypte socialement « entre les lignes », tolère silencieusement (voire incite à transgresser) ce qu'interdit son texte manifeste (disons, l'adultère) alors que l'injonction surmoïque qui préside à la jouissance l'entrave par son injonction même bien plus efficacement que tout interdit existant. Il suffit de rappeler cette figure paternelle qui conseille son fils à propos des questions sexuelles: si le père le met en garde et lui interdit formellement de sortir avec des filles, il ne fait en somme, entre les lignes, que l'inciter à lui désobéir, c'est-à-dire à trouver la satisfaction en transgressant l'interdit paternel. Si, en revanche, le père l'incite de façon qu'il faut qualifier d'obscène à « agir comme un homme » en séduisant les filles, l'effet réel sera probablement inverse, et produira un repli sur soi, une honte du père obscène, voire l'impuissance... Peut-être qu'alors la manière la plus claire de formuler le paradoxe du surmoi, c'est l'injonction: « Envie ou pas, profite! » L'autre exemple est aussi connu: un père travaille dur pour organiser enfin une excursion dominicale, qui a dû être repoussée plusieurs fois. Lorsque celle-ci a enfin lieu, il est à ce point excédé à l'idée de partir qu'il met en garde ses enfants: « Vous avez intérêt à apprécier maintenant! » Le surmoi fonctionne à rebours de la loi symbolique. La figure parentale simplement « répressive », celle qui se déploie sur le mode de l'autorité symbolique, dit à l'enfant: « Tu dois aller à la fête d'anniversaire de grand-maman et être gentil avec elle même si cela t'ennuie à mourir: il ne s'agit pas d'en avoir envie, il le faut! » La figure surmoïque, en revanche, dit à l'enfant: « Bien que tu sois conscient du plaisir qu'aura grand-maman à te voir, ne va à sa fête d'anniversaire que si tu le souhaites vraiment, sinon il vaut mieux rester à la maison. » Le tour donné par le surmoi est celui de l'illusion d'un libre choix, alors que comme tout enfant le sait, personne ne lui laisse le choix. Pire, il est sommé d'obéir à l'injonction et de sourire en même temps. Non seulement: « Tu rendras visite à grand-maman quoi que tu en penses », mais encore: « Tu rendras visite à grand-maman, et il y a intérêt à ce que ça te fasse plaisir! » Le surmoi vous ordonne de jouir de ce que vous *devez* faire. Car qu'arrive-t-il, après tout, si l'enfant prend l'injonction à la lettre et pense réellement qu'il est libre de choisir en répondant, par exemple, « non »? L'autorité parentale va lui faire ressentir avec douleur son choix. « Comment peux-tu dire une chose pareille! » lui répondra sa mère. « Comment peux-tu être si cruel! Que t'a fait ta pauvre grand-mère pour que tu ne veuilles pas la voir? » Dans les voyages, en vacances, il est assez ordinaire de ressentir cette compulsion surmoïque à l'amusement. Oui, il faut s'amuser, ou sinon se sentir coupable! À l'époque d'Eisenhower, et du temps « heureux » des années cinquante, cette compulsion fut même élevée au rang de devoir patriotique quotidien. Ou, pour le dire avec un des idéologues de cette époque: « Ne pas être heureux aujourd'hui n'est pas américain ». Les Japonais ont peut-être d'ailleurs trouvé un moyen unique pour sortir de cette impasse du surmoi: s'affronter courageusement au paradoxe en faisant directement du « plaisir » une composante du devoir quotidien. De cette manière, c'est lorsque l'activité officiellement organisée pour vous « amuser » se termine que vous êtes réellement débarrassé de votre devoir et pouvez enfin vous sentir libre de vous amuser vraiment, de vous reposer et de prendre du plaisir aux choses... Une dernière tentative pour sortir d'une telle impasse se retrouve à l'œuvre dans la stratégie typiquement hystérique consistant à changer (en fait suspendre) le lien symbolique comme si, en réalité, rien n'avait changé: un mari divorcé, par exemple, qui continue de se rendre régulièrement dans sa maison et de s'occuper de ses enfants comme si de rien n'était, non seulement se sent chez lui comme avant, mais risque même de s'y sentir bien mieux qu'avant; puisque l'obligation symbolique vis-à-vis de la famille n'a plus lieu d'être, il peut désormais prendre les choses du bon côté et ressentir de nouveau les satisfactions de la vie familiale... (comme ces Japonais qui ne peuvent se réjouir que lorsque l'obligation de se réjouir est terminée).

C'est à partir de tels exemples que l'on comprend à quel point le fait d'être exonéré de sa jouissance comporte une dimension vraiment libératrice: en ce sens le sujet se soulage du monstrueux devoir de jouir. Dans cette perspective, il faut donc établir une distinction entre deux modèles de cet « Autre qui agit (ou plutôt, pâtit) à ma place », à savoir:

- dans le cas du fétichisme de la marchandise (ou du Père Noël), la croyance est déplacée sur l'Autre: je sais bien que je ne crois pas mais c'est à travers l'Autre que je crois. Le geste critique, ici, consiste à affirmer l'identité: non, c'est bien TOI qui crois à travers l'Autre (aux lubies théologiques de la marchandise, au Père Noël...).

- dans le cas du rire préenregistré, ou encore des pleureuses qui se lamentent à ma place, ou dans celui du moulin à prières du prêtre tibétain, la situation est inverse: je pense que c'est moi qui ai joui du spectacle mais c'est l'Autre qui l'a fait pour moi. Le geste critique consiste alors à dire: non, ce n'est PAS TOI qui as ri, c'est l'Autre (dans le poste de télévision...).

La *raison* de cette distinction n'est-elle pas que nous avons ici affaire à l'opposition même entre la croyance et la jouissance, entre le Symbolique et le Réel? Dans le cas de la croyance (symbolique), je dénie l'identité (je ne me reconnais pas dans la croyance qui est effectivement la mienne); dans le cas de la jouissance qui relève de l'ordre du réel, je méconnais le décentrement par lequel je perçois (à tort) la jouissance comme étant la « mienne propre ». Peut-être alors faut-il conclure que le tropisme fondamental qui définit le sujet n'est ni la passivité ni l'activité autonome mais précisément celui de l'interpassivité. L'interpassivité s'oppose ainsi à la *List der Vernunft* (la ruse de la Raison) hégélienne: dans le cas de la « ruse de la Raison », je suis actif à travers l'autre, c'est-à-dire que je peux rester passif tandis que l'Autre agit à ma place (comme l'Idée hégélienne, qui reste en dehors du conflit, laissant les passions humaines faire le travail pour elle); dans le cas de l'interpassivité, je suis passif à travers l'autre, c'est-à-dire que je cède à l'autre la dimension passive de mon être (la jouissance) tout en restant activement impliqué ailleurs (je peux continuer à travailler dans la soirée pendant que le magnétoscope jouit passivement pour moi; je peux prendre les dispositions financières qui s'imposent concernant la fortune du mort pendant que les pleureuses se lamentent pour moi...). Cette analyse permet ainsi de proposer l'idée, somme toute pas inintéressante, de fausse activité: je pense que je suis actif alors que ma position véritable, incarnée par le fétiche, est passive. Et ne trouvons-nous pas quelque chose de tout à fait équivalent à cette « fausse activité » dans le paradoxe de la prédestination (les choses étant décidées à l'avance, ma position subjective à l'égard du destin est celle d'une victime passive, ce qui m'incite, quant à la dimension active de mon être, à m'engager dans une activité frénétique incessante). Cela fut le grand paradoxe de l'idéologie spontanée du capitalisme, à ses débuts, que cette théorie de la prédestination, c'est-à-dire cette conscience que tout est déjà décidé alors que l'idéologie, loin de m'immobiliser, me pousse à travailler frénétiquement. On retrouve de la même manière ce paradoxe à l'œuvre dans la stratégie caractéristique du névrosé obsessionnel, laquelle implique pareillement cette idée de « fausse activité »:

l'obsessionnel ne s'active frénétiquement que pour repousser la réalisation de son désir, éviter que la chose décisive n'advienne (dans une situation de groupe, par exemple, où la tension menace d'exploser, le sujet obsessionnel ne cesse de parler, de faire des plaisanteries, afin d'éviter un silence révélateur d'une gêne des participants générée par la tension sous-jacente).

L'objet qui donne corps au « plus de jouir » fascine le sujet. Il réduit celui-ci à un regard passif et impuissant aspirant à l'objet. Le sujet, bien entendu, éprouve ce rapport comme quelque chose de honteux, d'indigne. Être directement happé par l'objet, être passivement soumis à son pouvoir de fascination est finalement quelque chose d'insupportable. La manifestation non dissimulée de cette dimension passive de la jouissance prive en quelque sorte le sujet de sa dignité. L'interpassivité doit ainsi être envisagée comme une formation de défense subjective primordiale contre la jouissance: par elle, je reporte ma jouissance sur l'Autre, qui la supporte passivement (en riant, souffrant, jouissant...) à ma place. Dans ce sens précis, ce phénomène du sujet supposé jouir (c'est-à-dire ce geste subjectif qui consiste à reporter sa jouissance sur l'Autre) est peut-être bien plus originel que celui du « sujet supposé savoir » ou du « sujet supposé croire ». C'est ce en quoi consiste la stratégie libidinale du pervers qui fait assumer au sujet la position de pur instrument de la jouissance de l'Autre: pour le pervers masculin, l'acte sexuel (le coït) implique clairement une division du travail où il se réduit au pur instrument de la jouissance de la femme. Il prend en charge le gros boulot, accomplit les gestes actifs, tandis qu'elle, ravie, extatique, se contente de recevoir passivement, les yeux dans le vague... Au cours de l'analyse, ce sujet devra apprendre à assumer directement son rapport à l'objet qui donne corps à sa jouissance, à passer outre ce qui jouit, par procuration, à sa place.

On dira que c'est le fantasme primordial, bien qu'inaccessible *a priori*, qui structure la passivité fondamentale et désavouée de l'être en réglant son rapport à la jouissance. C'est pour cette raison précise qu'il est impossible pour le sujet d'assumer entièrement son fantasme primordial sans connaître l'expérience d'une radicale « destitution subjective »: assumer son fantasme primordial signifie en fait prendre entièrement sur soi le noyau passif de son être qui soutient à distance la dimension active de sa subjectivité.

La version canonique de la substitution par laquelle « quelqu'un d'autre le fait pour moi » est celle de la substitution du sujet par le signifiant. C'est ce en quoi réside le trait constitutif de l'ordre symbolique: un signifiant agit à ma place *. La

* *NdT*: Zizek fait ici référence à la définition lacanienne du signifiant : « Le signifiant c'est ce qui représente le sujet pour un autre signifiant ». cf. par exemple *Séminaire XI*, pp. 231-232.

substitution du sujet par l'objet est donc en un sens bien plus originelle que la substitution du sujet par le signifiant: si le signifiant est la forme de « l'être actif à travers un autre », l'objet est la forme de « l'être passif à travers l'autre ». Ce qui revient à dire que c'est l'objet qui originairement souffre et pâtit pour moi, à ma place: et donc, qui jouit aussi pour moi. Ce qui est ainsi insupportable dans ma rencontre avec l'objet, c'est qu'en lui je me vois sous la forme d'un objet qui souffre: ce qui entraîne ma réduction au statut d'observateur passif et fasciné, c'est cette scène où je me vois souffrir au dehors... Loin d'être un phénomène qui n'a lieu que dans des situations « pathologiques » extrêmes, l'interpassivité, dans son opposition à l'interactivité (non pas au sens courant d'interagir avec le médium mais au sens de l'autre agissant pour moi, à ma place), représente donc la condition nécessaire et la plus élémentaire à la constitution de la subjectivité. Pour être un sujet actif, je dois me débarrasser – en la transposant sur l'autre – de la passivité inerte qui est la condition de la densité de ma substance ontologique. En ce sens précis, l'opposition signifiant /objet recouvre l'opposition interactivité/interpassivité: le signifiant est interactif, il agit pour moi, à ma place, tandis que l'objet est interpassif, il souffre pour moi. Transposer sur l'autre la dimension la plus passive de soi-même est un phénomène bien plus extraordinaire que celui consistant à être actif à travers l'autre: dans l'interpassivité, je suis décentré d'une façon bien plus radicale que dans l'interactivité, puisque l'interpassivité me prive du noyau même de mon identité.

Il faut donc en conclure que la matrice fondamentale de l'interpassivité découle du concept même de sujet, envisagé comme pure activité de (se) poser (soi-même), comme fluidité du pur Devenir, vidé de toute positivité ontologique stable. Si je veux fonctionner comme pure activité, il me faut mettre au dehors mon Être (passif) et la seule possibilité pour moi est de devenir passif à travers un autre. L'objet *a*, chez Lacan, c'est cet objet inerte qui « est » mon Être dans lequel mon inertie ontologique se pose au dehors. Dans la mesure où la structure élémentaire et constitutive de la subjectivité est la structure hystérique – c'est-à-dire dans la mesure où l'hystérie se définit par la question inconsciente: « Que suis-je en tant qu'objet (aux yeux de l'Autre, pour le désir de l'Autre)? » –, elle renvoie à l'interpassivité à l'état pur: ce que le sujet hystérique est incapable d'accepter, ce qui provoque chez lui une angoisse intolérable, c'est le pressentiment que l'Autre le perçoit dans la passivité de son Être, comme un objet d'échange, un objet dont on jouit, voire qu'on « manipule ». C'est l'« axiome ontologique » de la subjectivité lacanienne: plus je suis actif, plus je dois être passif ailleurs, c'est-à-dire plus il faut qu'il y ait un autre objet qui soit passif à ma place, en mon nom [7]. Le problème théorique qui surgit ici est celui qu'Adorno a formulé depuis longtemps (et auquel il a proposé la solution de la « angstlose Passivität / passivité sans angoisse »): est-il possible au sujet d'être passif vis-à-vis du monde des objets, de reconnaître la « primauté de l'objet » sans tomber dans le fétichisme? En termes lacaniens, ce même problème se reformule ainsi: l'objet *a* fonctionne-t-il toujours et nécessairement comme un objet fétiche, comme l'objet dont la présence fascinante recouvre le manque de la castration (petit *a* sur moins *phi* de la castration dans les mathèmes de Lacan)?

L'« objectivement subjectif »

Le paradoxe ontologique, voire le scandale de ces phénomènes (dont le nom psychanalytique, bien sûr, est le fantasme) réside dans le fait qu'ils subvertissent l'opposition classique du « subjectif » et de l'« objectif ». Le fantasme, par définition, n'est assurément pas « objectif » (au sens naïf d'« exister indépendamment des perceptions du sujet »). Cependant, il n'est pas non plus « subjectif » (au sens où il serait réductible aux intuitions conscientes du sujet). Le fantasme relève

7. Cet axiome se réalise dans toute sa simplicité dans l'exemple du cadre *manager* qui, de temps en temps, se sent obligé de se rendre chez une prostituée pour s'exposer à des rituels masochistes et « se faire traiter comme un objet ».

plutôt de la « catégorie étrange de l'objectivement subjectif » – c'est-à-dire la façon dont les choses vous paraissent, objectivement, être vraiment même si elles ne vous paraissent pas être ainsi [8]. Quand, par exemple, le sujet éprouve une série de formations fantasmatiques se rapportant les unes aux autres comme autant de permutations de l'une avec l'autre, une telle série n'est jamais complète: c'est toujours comme si la série qui se présentait ne constituait qu'une succession de variations d'un fantasme « primordial » sous-jacent dont le sujet ne pouvait rendre compte *. On peut même aller plus loin et affirmer qu'en ce sens l'inconscient freudien lui-même est objectivement subjectif. Ce qui nous ramène au mystère du « fétichisme »: quand, au moyen d'un fétiche, le sujet « croit à travers l'autre » (c'est-à-dire quand l'objet-fétiche croit pour lui, à sa place), nous retrouvons aussi cette « catégorie étrange de l'objectivement subjectif ». Ma « vraie croyance », ce que les choses « me semblent vraiment être » bien que je ne les aie jamais vécues ainsi, est objectivée par le fétiche.

8. Daniel C. Dennett, *Consciousness Explains*, New York, Little, Brown and Company, 1991, p. 132. (Bien sûr, Dennett emploie ce concept d'une façon purement négative, comme une *contradictio in adjecto* qui n'aurait aucun sens.)

* *NdT* : Dans « On bat un enfant » de Freud, les deux fantasmes conscients se rapportent à un troisième, « mon père me bat », qui n'a jamais vraiment existé et qui ne peut être construit que rétroactivement comme la référence présupposée, comme le terme intermédiaire entre les deux autres fantasmes. Voir pour le développement de cette idée : « Désir : pulsion = Vérité : savoir », p.51 du présent volume.

À propos du fétichisme de la marchandise, Marx lui-même utilise le terme d'« apparence objectivement nécessaire ». Ainsi, quand un marxiste rencontre un sujet appartenant à la bourgeoisie et baignant dans le fétichisme de la marchandise, la juste critique qu'il lui adresse n'est pas: « La marchandise vous paraît être un objet magique doté de pouvoirs particuliers, mais vous ne savez pas qu'en vérité, c'est l'expression réifiée des rapports entre les gens », mais plutôt: « La marchandise vous paraît n'être que l'incarnation des rapports sociaux (le fait que l'argent, par exemple, soit juste une sorte de pièce justificative qui vous donne le droit de participer au produit social) – mais ce n'est pas exactement ainsi que les choses vous semblent être effectivement: dans votre réalité sociale, par le moyen de votre participation à l'échange social, vous témoignez de ce fait fantastique qu'une marchandise vous paraît vraiment être en soi un objet magique doté de pouvoirs particuliers… »

C'est aussi l'une des façons de préciser le sens de la thèse lacanienne du « décentrement » constitutif du sujet. Lacan n'avance pas l'idée que mon expérience subjective serait réglée par des mécanismes objectifs inconscients qui seraient décentrés par rapport à l'expérience que j'ai de moi-même et, comme telle, qu'elle est pour moi hors de contrôle (ce qu'avance tout matérialiste). Ce qu'il affirme est beaucoup plus troublant: je suis privé de mon expérience « subjective » la plus intime, des choses telles qu'elles « me paraissent être vraiment », car je ne peux jamais, consciemment, faire l'expérience et assumer ce fantasme primordial qui constitue et garantit le noyau même de mon être. Selon la conception classique, la dimension constitutive de la subjectivité est celle de l'expérience phénoménale (de soi) : je me constitue comme sujet au moment où je peux me dire : « Peu importent les mécanismes inconnus qui président à mes actes, à mes perceptions et mes pensées, personne ne peut m'enlever ce que je vois et ce que j'éprouve ici et maintenant. » Lacan subvertit cette perspective : le « sujet du signifiant » n'apparaît que lorsqu'une dimension décisive de l'expérience phénoménale de soi du sujet (son « fantasme primordial ») lui devient inaccessible, c'est-à-dire à la condition que cette dimension subisse ce qu'il nomme le « refoulement originaire ». L'inconscient radical, c'est le phénomène inaccessible et non pas le mécanisme objectif qui règle mon expérience phénoménale.

On obtient donc un rapport qui subvertit entièrement la notion classique du sujet comme lieu de l'expérience phénoménale de soi : on obtient le rapport « impossible » entre un sujet vide, non phénoménal, et un phénomène qui reste inaccessible au sujet, un phénomène qui, précisément, ne peut jamais être subjectivé, assumé par le sujet : le rapport même que traduit la formule lacanienne du fantasme, $ <> a *. Et peut-être est-ce là ce que tente de représenter l'art contemporain : ces étranges phénomènes qui ne peuvent pas être subjectivés.

Si l'on pense philosophiquement à un tel paradoxe, on peut soutenir que, depuis longtemps, la philosophie moderne a construit un tel concept de l'« objectivement subjectif ». C'est toute l'avancée de Kant et de son concept de « transcendantal » qui désigne précisément l'objectivité dans la mesure où elle se médiatise et se constitue « subjectivement ». Kant ne cesse de souligner que son idéalisme transcendantal n'a rien à voir avec un simple phénoménalisme subjectif : il ne dit pas qu'il n'existe pas de réalité objective, que nous n'avons accès qu'aux seules apparences subjectives. Kant construit plutôt la ligne qui sépare la réalité objective des simples impressions subjectives ; et le problème qu'il pose, très exactement, est celui de la manière dont nous passons de la multitude des impressions subjectives à la réalité objective : c'est en ce sens qu'il construit le concept de transcendantal, désignant en fait l'activité synthétique du sujet. La différence entre la réalité objective et les simples apparences subjectives est interne à la subjectivité elle-même, c'est la différence entre le simplement

* *NdT* : Voir par exemple Jacques Lacan, *Les quatre concepts fondamentaux de la psychanalyse, Le Séminaire, Livre XI*, p. 233.

subjectif et l'objectivement subjectif... Ce n'est cependant pas ce que vise le concept lacanien de fantasme. Saisir la différence oblige à proposer ici une autre distinction, centrale, quand bien même elle donnerait l'impression que l'on coupe les cheveux en quatre. Il s'agit de la différence entre le « subjectivement objectif » et l'« objectivement subjectif »: la réalité construite de façon transcendantale par Kant est en fait subjectivement objective (elle tient lieu d'objectivité en tant qu'elle est construite et médiatisée par la subjectivité) alors que le fantasme est objectivement subjectif (il désigne le contenu le plus intimement subjectif, un produit de l'imagination, qui paradoxalement est « désubjectivé », rendu inaccessible à l'expérience immédiate du sujet).

Ce serait toutefois une grande erreur que de comprendre le décentrement radical induit par l'idée de fétichisme (je suis privé de mes croyances et de mes fantasmes les plus profonds) comme « la fin de la subjectivité cartésienne ». Ce que cette perte [9] ébranle en revanche, c'est l'idée classique d'un soi-disant « théâtre cartésien », cette idée qu'un écran de conscience central serait le siège de la subjectivité où, au niveau phénoménologique,

9. Le fait qu'une reconstitution phénoménologique échoue nécessairement à produire une croyance « réifiée » indépendamment d'une croyance à la première personne, le fait que la substitution est originelle, le fait que même dans les cas de croyances et de fantasmes les plus intimes, le grand Autre peut « le faire pour moi »

« les choses se passent réellement ». À l'opposé de cette conception, le sujet lacanien (noté $), c'est-à-dire le vide d'une négativité auto-référentielle, se situe dans le droit fil du décentrement primordial : le fait même de pouvoir être privé des contenus psychiques (« mentaux ») les plus intimes qui me constituent, ce fait que le grand Autre (ou le fétiche) puisse rire, croire et pâtir à ma place, font de moi un $, un sujet « barré », un pur vide ne renfermant aucun contenu substantiel positif. Le sujet lacanien est donc vide, au sens radical où il serait privé du support phénoménologique le plus minimal. Aucune expérience, aucune richesse ne peut combler ce vide. Et le pari de Lacan consiste à dire que la réduction cartésienne du sujet au pur cogito implique déjà une telle réduction de tous les contenus substantiels, incluant la dimension la plus intime du psychisme : l'idée d'un « théâtre cartésien » envisagé comme lieu originaire de la subjectivité est déjà une « réification » du sujet $ du pur vide de la négativité.

Désir : Pulsion = Vérité : Savoir

Comme Jacques-Alain Miller l'a souligné, le concept de « construction dans l'analyse » ne repose pas sur le fait (douteux) que le psychanalyste aurait toujours raison (si le patient accepte la construction proposée par l'analyste, c'est la confirmation pure et simple de sa pertinence ; si le patient la rejette, c'est un signe de résistance qui, par conséquent, confirme une nouvelle fois que la construction a touché à la vérité) ; c'est plutôt l'inverse qui est juste : *l'analysant est toujours, par définition, dans le faux.* Afin de bien saisir de quoi il retourne, il faut se pencher sur la distinction cruciale entre la construction et son envers, l'interprétation, corrélative au couple savoir/vérité. Ce qui revient à dire que l'interprétation est un geste qui est toujours pris dans la dialectique intersubjective de la reconnaissance tissée entre l'analysant et l'analyste, qu'elle vise à provoquer un effet de vérité à propos de telle formation singulière de l'inconscient (un rêve, un symptôme, un lapsus). On attend du sujet qu'il se « reconnaisse » dans la signification proposée par l'interprète pour, précisément, la subjectiver, assumer la signification proposée comme venant de lui-même (mais oui, mon Dieu, c'est moi, c'était vraiment ça que je désirais). Le succès même de l'interprétation est mesuré à cet « effet de vérité », par l'ampleur avec laquelle elle affecte la position subjective de l'analysant (réveillant le souvenir des rencontres traumatiques jusqu'ici profondément refoulées, provoquant une résistance violente). Au contraire, une construction (et exemplairement celle d'un fantasme primordial) a le statut d'un savoir qui ne peut jamais être subjectivé, assumé par le sujet comme étant *sa* vérité, vérité dans laquelle il reconnaitrait le noyau le plus intime de son être. Une construction est une présupposition explicative purement logique, comme la scène seconde (« Je suis battu par le père ») du fantasme de l'enfant « On bat un enfant » laquelle, comme le souligne Freud, est si radicalement inconsciente qu'elle ne peut jamais être remémorée:

> Cette seconde phase est la plus importante et la plus capitale de toutes. Mais il faut dire que d'une certaine manière elle n'a jamais eu d'existence réelle. Elle n'est jamais remémorée, elle n'a jamais réussi à devenir consciente. C'est une construction de l'analyse, mais ce n'est rien de moins qu'une nécessité pour cet exposé[1].

Le fait que cette phase n'ait « jamais eu d'existence réelle » est une indication pour donner statut au réel lacanien; le savoir que nous pouvons tirer de cette phase est un « savoir dans le réel »,

1. Sigmund Freud, « Un enfant est battu », *Névrose, psychose et perversion*, PUF, 1973, p. 225.

c'est-à-dire un savoir « acéphale », non subjectif. Bien qu'elle fonctionne (ou plutôt pour cette raison même) comme une sorte de « Tu es cela ! » qui articule le noyau de l'être du sujet, son assomption me *désubjectivise*, ce qui revient à dire que je ne peux assumer mon fantasme primordial que dans la mesure où j'éprouve ce que Lacan appelle une « destitution subjective ». Ou, pour le dire d'une autre manière, l'interprétation est à la construction ce que le symptôme est au fantasme : les symptômes sont faits pour être interprétés, le fantasme primordial pour être (re)construit. Cette notion de savoir « acéphale » apparaît plutôt tardivement dans l'enseignement de Lacan, après que la relation entre le savoir et la vérité a subi un profond remaniement au début des années soixante-dix.

Dans une « première » phase, qui va des années quarante aux années soixante, Lacan se meut à l'intérieur des coordonnées de l'opposition philosophique classique entre un savoir objectivant « inauthentique » ne prenant pas en compte la position subjective d'énonciation, et une vérité « authentique » qui engage et affecte le sujet sur le plan existentiel. Dans la clinique psychanalytique, cette opposition trouve son meilleur exemple dans la différence frappante entre la névrose obsessionnelle et l'hystérie. Le névrosé obsessionnel *ment sous les apparences de la vérité* : s'agissant de la précision factuelle, ses jugements sont en règle générale vrais mais l'usage de cette exactitude factuelle a pour but de dissimuler la vérité de son désir. Lorsque, par exemple, mon ennemi a un accident de voiture dû à une panne de freins, je me donne un mal fou à expliquer à tout le monde que je ne me suis jamais approché de sa voiture et que je ne suis donc pour rien dans cet incident mécanique. Alors que c'est tout à fait vrai, cette « vérité » n'est propagée par moi que dans le seul but de dissimuler le fait que cet accident a réalisé mon désir. À l'inverse, l'hystérique *dit la vérité sous les apparences du mensonge*: la vérité de mon désir s'articule dans les distorsions mêmes de l'« exactitude factuelle » de mes paroles. Lorsque je dis « Je ferme par la présente les débats » au lieu de « J'ouvre par la présente les débats », mon désir s'exprime clairement. Le but de la cure psychanalytique est donc de recentrer l'attention de la précision factuelle aux mensonges hystériques qui articulent la vérité en court-circuit du savoir, puis d'acquérir un nouveau savoir qui reste à la place de la vérité, un savoir qui, au lieu de dissimuler la vérité, donne le change aux effets de vérité, c'est-à-dire à ce que Lacan appelait dans les années cinquante « la parole pleine », cette parole dans laquelle résonne la vérité subjective. Cette conception de la vérité appartient bien sûr à une longue tradition, de Kierkegaard à Heidegger, qui méprise la simple « vérité factuelle ».

Vers la fin des années soixante cependant, Lacan commença à centrer de plus en plus son attention sur la pulsion en l'envisageant comme une sorte de savoir « acéphale », déclencheur de la satisfaction. Ce savoir n'implique aucune relation naturelle à la vérité, aucune position subjective d'énonciation – non qu'elle dissimule la position subjective d'énonciation mais parce qu'elle est, en elle-même, non subjectivée, parce que, ontologiquement, première par rapport à la dimension même de la vérité (bien sûr, le mot « ontologique » devient par là problématique puisque l'ontologie est par définition un discours sur la vérité). La vérité et le savoir entretiennent ainsi les mêmes rapports que le désir et la pulsion : l'interprétation vise la vérité du désir subjectif (la vérité du désir est le désir de la vérité, comme on serait tenté de le dire dans une perspective pseudo-heideggérienne) alors que la construction nous procure un savoir de la pulsion. Le savoir de la science moderne [2], démontrant « l'insistance aveugle » de la pulsion de mort, n'est-il pas un cas paradigmatique d'un tel savoir « acéphale » ? La science moderne poursuit sa trajectoire (en microbiologie, en manipulation génétique, en physique des particules) coûte que coûte : la satisfaction provient ici du savoir lui-même et non des objectifs moraux ou communautaires que le savoir scientifique est censé servir. Ne doit-on pas

2. Voir Jacques-Alain Miller, « Savoir et satisfaction », *La Cause Freudienne* n° 33, Paris, 1996

voir, en dernier ressort, dans tous les « comités éthiques » qui se développent aujourd'hui et essaient d'établir des règles qui encadrent la conduite de la manipulation génétique, l'expérimentation médicale etc., le signe d'une tentative désespérée de réinscrire dans les limites des buts humains cette inexorable tendance progressiste de la science à ne se connaître aucune limite (en bref: l'éthique inhérente à l'attitude scientifique), de donner « visage humain » à cet illimité? La sagesse ordinaire, aujourd'hui, consiste à dire que « notre pouvoir extraordinaire de manipulation de la nature par les moyens scientifiques a dépassé notre faculté de construire le sens de notre existence, de donner un sens humain à cet immense pouvoir ». Ainsi, l'éthique réellement moderne qui prône la « poursuite de la pulsion » rentre en contradiction avec l'éthique traditionnelle par laquelle il s'agit de conduire sa vie dans le cadre de la juste mesure et de subordonner toutes les dimensions qu'elle recèle à une conception englobante du Bien. Le problème, bien sûr, est qu'aucun équilibre entre ces deux conceptions ne pourra jamais être obtenu. L'idée de réinscrire la « pulsion » de la science dans les limites du monde de la vie est un pur fantasme: peut-être même le fantasme fasciste primordial. Toute limitation de cette sorte est totalement étrangère à la logique naturelle de la science: la science relève du réel et, en tant que mode du réel de la *jouissance*, elle est indifférente aux modalités de sa symbolisation, à la façon dont elle affecte la vie sociale.

Bien sûr, l'organisation concrète de l'appareil scientifique, jusqu'à ses schémas conceptuels les plus abstraits, est « médiatisée » socialement ; mais ce grand jeu consistant à distinguer un penchant patriarcal, eurocentriste, mécaniste ou utilitariste de la nature dans le cadre de la science moderne *n'a pas grand-chose à voir avec la science*, avec cette « pulsion » qui s'effectue d'elle-même dans l'opération de la machine scientifique. Les positions de Heidegger semblent ici totalement ambiguës ; mais peut-être est-il bien trop facile de le discréditer, d'un revers de main, en faisant de lui le partisan le plus raffiné de la thèse démontrant que la science élude, *a priori*, la dimension de la vérité. N'a-t-il pas soutenu l'idée que « la science ne pense pas » c'est-à-dire qu'elle est, par définition, incapable de refléter son propre fondement philosophique, l'horizon herméneutique de son fonctionnement ? Et, bien plus, que cette incapacité, loin de jouer le rôle d'un obstacle, représente la condition même de son bon fonctionnement ? Le moment crucial du raisonnement réside plutôt dans le fait que la science moderne, en tant que telle, ne peut pas être réduite à quelque option limitée, ontique, ou « conditionnée socialement » (exprimant les intérêts d'un certain groupe social etc.), mais est bien plutôt le *réel* de notre moment historique, qui « reste le même » quels que soient les univers symboliques possibles (« progressiste » ou « réactionnaire », « technocratique » ou « écologique », « patriarcal » ou « féministe »). Heidegger, ainsi, n'ignore pas que toutes les critiques convenues de « la science » affirmant qu'elle serait un outil de la domination capitaliste occidentale, de l'oppression patriarcale, etc., font long feu et laissent donc non questionné le « noyau dur » de la pulsion scientifique. Lacan nous engage à faire un pas de plus en ajoutant que la science est peut-être « réelle » dans un sens encore plus radical: il s'agit en effet du premier (et sûrement de l'unique) cas d'un discours qui serait absolument *non historique*, même au sens heideggérien de l'historicité des époques de l'Être, à savoir des époques dont le mouvement est en soi indifférent aux horizons historiquement déterminés de la révélation de l'Être. Précisément dans la mesure où la science « ne pense pas », elle *sait*, hors la dimension de la vérité, et représente, en tant que telle, la pulsion dans toute sa pureté. L'apport de Lacan à Heidegger serait ainsi celui-ci: pourquoi ce complet « oubli de l'Être » à l'œuvre dans la science moderne devrait-il être uniquement perçu comme « le plus grand danger »? Ne contient-il pas aussi une dimension « libératrice »? La suspension de la vérité ontologique dans le fonctionnement libre de la science n'est-elle pas déjà une sorte de « passage » et de « franchissement » de la clôture de la métaphysique?

Selon la psychanalyse, ce savoir de la pulsion ne pouvant jamais être subjectivé prend la forme du savoir du fantasme primordial du sujet, cette formule tout à fait singulière, pour lui ou elle, qui régule son accès à la *jouissance.* Ce qui revient à dire que le désir et la jouissance sont en soi antagonistes et même exclusifs l'un de l'autre: la *raison d'être* du désir (ou sa « fonction utile » pour le dire avec Richard Dawkin) n'est pas de réaliser son but, de parvenir à la satisfaction mais de se reproduire lui-même en tant que désir. Comment est-il cependant possible de coupler désir et jouissance afin de garantir un minimum de jouissance à l'intérieur de l'espace du désir? Cela est rendu possible par le fameux objet *a* lacanien dont la fonction est de médiatiser les domaines incompatibles du désir et de la jouissance. Dans quel sens précis l'objet *a* est-il objet-cause du désir? L'objet *a* n'est pas ce que nous désirons, n'est pas l'objet de notre désir, mais plutôt ce qui met celui-ci en mouvement, le cadre formel qui lui donne consistance. Le désir est assurément métonymique, il bascule d'un objet à un autre; à travers tous ses déplacements cependant, le désir conserve tout de même un minimum de consistance formelle, une série de thèmes fantasmatiques qui, lors de la rencontre d'un objet positif, assurent la désirabilité de cet objet. L'objet *a*, en tant que cause du désir, n'est rien de plus que ce cadre formel de consistance. Ce même mécanisme, d'une manière légèrement différente, régule la façon dont le sujet tombe amoureux: l'automatisme de l'amour est mis en branle lorsqu'un objet (libidinal) contingent, en fin de compte indifférent, se retrouve occuper une place fantasmatique déjà donnée. Ce rôle du fantasme dans l'émergence automatique de l'amour dépend du fait qu'« il n'y a pas de rapport sexuel », qu'il n'existe pas de formule ou de matrice universelle qui garantirait une relation sexuelle harmonieuse avec l'autre. En raison de cette absence de formule universelle, chaque individu se doit d'inventer son propre fantasme, sa propre formule « privée » de la relation sexuelle; pour un homme, une relation avec une femme n'est possible que dans la mesure où elle convient à sa formule. La formule de l'homme aux loups, ce célèbre patient de Freud, était « une femme, vue par-derrière, à genoux, les mains posées par terre, lavant ou nettoyant quelque chose devant elle sur le sol »; la vision d'une femme dans cette position déclenchait automatiquement le sentiment amoureux. La formule de John Ruskin, formée sur le modèle antique des statues grecques et romaines, l'amena à une déception tragi-comique lorsque, durant sa nuit de noces, Ruskin aperçut une toison pubienne, absente des statues. Cette découverte le rendit totalement impuissant, convaincu qu'il était que sa femme était un monstre.

Récemment, des féministes slovènes, outrées, ont réagi à un poster publicitaire pour une crème solaire mettant en scène une série de postérieurs féminins bien bronzés accompagnés du slogan : « À chacune son indice ». Cette campagne publicitaire était assurément basée sur un double sens assez vulgaire : le slogan faisait ostensiblement référence aux différents indices de protection proposés aux consommateurs par une crème solaire s'adaptant à la nature de la peau ; cependant, son effet reposait aussi sur la lecture évidemment chauvino-machiste : « Chaque femme peut être séduite si on connaît son indice, son catalyseur propre, ce qui l'excite vraiment ! » La perspective freudienne quant au fantasme primordial voudrait que chaque sujet, homme ou femme, possède un tel « indice », qui régule son désir : l'indice de l'homme aux loups, c'était « une femme, vue par-derrière, à genoux, les mains posées par terre » ; l'indice de Ruskin, c'était une femme-statue, sans toison pubienne ; etc., etc. Il n'y a pas à se sentir grandi par la conscience qu'on peut avoir de cet « indice » : cette conscience ne peut jamais être subjectivée. L'« indice » est fantastique, horrible même, puisqu'il « dépossède » d'une certaine manière le sujet, le ou la réduit à une marionnette, « au-delà de toute dignité et de toute liberté ».

La violence du fantasme

Il revient à Keith Chesterton d'avoir montré, il y a un siècle, la nature proprement perverse du lien unissant le christianisme et le paganisme et déconstruit l'idée (la mauvaise idée) selon laquelle l'ancien esprit païen serait celui d'une affirmation joyeuse de la vie alors que le christianisme aurait imposé le *sombre* règne de la culpabilité et de la renonciation. Au contraire, c'est la proposition païenne qui apparaît comme profondément mélancolique : si elle en appelle à une vie de plaisir, c'est au sens où la vie ne dure pas, « profite de la vie tant qu'elle est là, parce qu'il n'y a, à la fin, que la corruption et la mort ». Le sens du christianisme en revanche, sous une surface trompeuse de culpabilité et de renonciation, est celui d'une joie infinie :

> « L'anneau extérieur du Christianisme est solidement gardé par les prêtres professionnels de l'abnégation éthique ; mais à l'intérieur de ce cadenas inhumain, vous trouverez cette vieille vie humaine dansant comme dansent les enfants, buvant le vin comme les hommes ; car le Christianisme est le seul cadre de la liberté païenne[1] ».

1. G. K. Chesterton, *Orthodoxie*, San Francisco, Ignatus Press, 1995, p. 164.

Ce paradoxe peut-il être mieux exprimé que dans *Le Seigneur des anneaux* de Tolkien? Seul un chrétien dévot a pu imaginer un univers païen aussi magnifique, confirmant ainsi que le *paganisme est le dernier rêve chrétien.* Les critiques chrétiens qui ont ainsi émis des réserves sur la manière dont des livres ou des films comme *Le Seigneur des anneaux* ou *Harry Potter* participent au déclin du christianisme à travers leur sens de la magie païenne se trompent. La conclusion perverse est ici inévitable: si vous voulez profiter de la vie de plaisir rêvée par le paganisme sans en payer le prix de tristesse mélancolique, choisissez le christianisme! On reconnaîtra les traces de ce paradoxe à travers la figure catholique bien connue du prêtre (ou de la religieuse), incarnant l'abstinence. Il suffit de se souvenir de la scène la plus puissante de *La Mélodie du bonheur* et de ce qu'elle exprime: Maria se réfugie dans un monastère pour échapper à la famille von Trapp, mais, incapable de surmonter son attirance pour le baron von Trapp, elle se languit toujours de lui; dans une scène mémorable, la mère supérieure la convoque et lui enjoint de retourner auprès de la famille von Trapp, pour réenvisager sa relation avec le baron. C'est dans une chanson étrange qu'elle lui délivre ce message: « Franchissez chaque montagne », dont le motif surprenant est: Allez-y! Prenez le risque de céder à tout ce que votre cœur désire! Ne laissez pas des considérations mesquines vous barrer le chemin! La puissance fantastique de cette scène réside dans sa capacité inattendue à exhiber le spectacle du désir, ce qui la rend littéralement *gênante*: c'est de la personne même dont on attendrait qu'elle prêche l'abstinence et la renonciation que vient la voix de la fidélité au désir[2].

Il est significatif que lorsque *La Mélodie du bonheur* fut présentée en ex-Yougoslavie, à la fin des années soixante, ce soit précisément cette scène – les trois minutes que dure la chanson – qui ait été censurée. Le censeur socialiste anonyme prouva ainsi sa juste compréhension de la puissance vraiment menaçante que pouvait représenter l'idéologie catholique: loin d'être la religion du sacrifice, la religion de la renonciation aux plaisirs terrestres (s'opposant à l'affirmation païenne de la vie des passions), le christianisme offre un stratagème sournois pour satisfaire nos désirs SANS AVOIR À EN PAYER LE PRIX, pour jouir de la vie en suspendant l'angoisse de la décrépitude et de la souffrance déprimante qui nous attend aux ultimes moments. Pour aller jusqu'au bout, il serait tout à fait possible de soutenir que c'est ici que s'explique la fonction dernière du sacrifice du Christ: *vous pouvez satisfaire vos désirs et jouir de la vie, j'ai pris sur moi le*

2. Il y a quelques années, un compte rendu ironique fit justement de *La Mélodie du bonheur* un film où une nonne stupide aurait pu vivre pleinement sa vie monastique si sa mère supérieure ne l'avait pas invitée dans sa chambre et ne l'avait pas incitée de façon hystérique à franchir les montagnes…

prix à payer! Il existe ainsi une part de vérité dans la blague mettant en scène la prière idéale de la jeune fille chrétienne adressée à la Vierge Marie: « Ô vous qui avez conçu sans péché, laissez-moi pécher sans bébé! » Dans le fonctionnement pervers du christianisme, la religion fonctionne comme un garde-fou qui autorise à jouir de la vie en toute impunité.

La référence à Hollywood est tout sauf innocente ici: *La Mélodie du bonheur* résume la fausse libération promise par l'échappée hollywoodienne. Dans le présent essai, je vais essayer d'articuler plus avant la manière dont ce leurre de libération fonctionne à partir de trois questions liées: la leçon idéologique des dessins animés, le mode de censure propre à notre époque « permissive », les ambiguïtés de la violence à Hollywood.

« *La vérité a structure de fiction* »

Cette assertion de Lacan n'est nulle part plus pertinente que dans les dessins animés d'aujourd'hui. Ils révèlent en effet bien plus directement l'identité de notre société que ne le font les films traditionnels et le jeu « réaliste » de leurs acteurs. *Le Petit Dinosaure*, la célèbre série de films d'animation produite par Steven Spielberg, et qui a remporté un grand succès, nous donne à voir ce que l'on pourrait raisonnablement considérer comme l'articulation la plus claire de l'idéologie multiculturaliste au temps du libéralisme hégémonique. C'est le même message qui est répété sans cesse: nous sommes tous différents – les uns sont grands, les autres petits, certains d'entre nous savent se battre, d'autres savent voler dans les airs… – et il nous faut apprendre à vivre avec ces différences et arriver à les percevoir de manière à rendre nos vies plus riches… [3] Vus de l'extérieur, nous sommes différents, mais intérieurement, nous sommes tous les mêmes, des individus apeurés, jetés dans le monde, ayant besoin des autres. Dans l'une des chansons, les gros méchants dinosaures mettent en chanson la manière dont les grands peuvent se placer au-dessus des règles, mal se comporter et écraser les petits sans défense:

> « Quand tu es grand/Tu peux tous les balancer/Tous les petits/Ils te regardent d'en bas/Quand toi, tu les vois de haut (…) Ça va bien pour toi quand t'es grand (…) Toutes les règles qu'ont faites les grands/Elles ne s'appliquent pas à toi. »

La réponse des petits opprimés, dans la chanson suivante, n'est pas un appel à combattre les grands mais à comprendre que, derrière leur brutalité, ils ne sont pas bien différents de nous car ils sont

3. Ce message n'est d'ailleurs pas sans rappeler les récents rapports montrant la manière avec laquelle les prisonniers de Al Quaïda sont traités à Guantanamo: ils sont nourris dans le respect de leurs besoins culturels et religieux spécifiques, on leur permet de prier…

aussi secrètement peureux et ont, eux aussi, leur part de soucis :

> « Comme nous, ils ont des sentiments/Ils ont des soucis aussi. Parce qu'ils sont grands/On les croit insensibles/Mais pas du tout. Ils sont plus grands et plus forts/et font un sacré boucan/Mais si l'on regarde à l'intérieur/Je crois bien qu'ils sont des petits enfants comme nous. »

On conclut donc évidemment à l'apologie de la différence :

> « Il faut de tout/pour faire un monde/Des petits et des grands/Des gros et des fluets/Pour remplir cette belle planète/D'amour et de rire. Pour que la vie soit meilleure/Demain et le jour d'après. Il faut de tout / Ça fait pas de doute/Des malins et des idiots/Toutes les tailles/Pour pouvoir réaliser/Tout ce qu'il faut faire/Pour s'amuser. »

On ne s'étonnera pas alors que le message final des films soit, encore, celui de la sagesse païenne : la vie n'est qu'un cycle éternel qui remplace les vieilles générations par les nouvelles, dans lequel tout ce qui naît a pour vocation de disparaître, tôt ou tard… Le problème, bien sûr, se pose : jusqu'où ira-t-on ? Cela concerne-t-il tout le monde ? Les gentils et les monstres, les pauvres et les riches, les victimes et les bourreaux ? La référence au règne des dinosaures, qui met en avant le caractère brutal des espèces animales se dévorant les unes les autres, est particulièrement ambiguë ici… S'agit-il encore de quelque chose qu'il « nous faut faire pour s'amuser »?

L'inconsistance même de cette idée d'une « terre d'avant le temps », d'avant la chute, témoigne pourtant de la manière dont le message incitant à la mise en œuvre productive des différences tient de l'idéologie à l'état pur. Pourquoi? Parce que, précisément, toute idée d'un *antagonisme* « vertical » est sévèrement censurée pour se voir traduite par l'idée, inverse, de différences « horizontales » avec lesquelles nous devons apprendre à vivre, parce qu'elles fonctionnent pour nous comme des compléments d'être. L'idée ontologique sous-jacente, ici, est celle d'une pluralité irréductible de constellations particulières, chacune multiple et déplacée en soi, qui ne peut jamais être rassemblée dans une matrice neutre et universelle. De ce point de vue, c'est Hollywood qui rencontre la critique postcoloniale la plus radicale de l'universalité idéologique: le problème central apparaît comme étant celui de l'impossible universalité. Au lieu de vouloir imposer notre vision de l'universalité (l'universel des droits de l'homme, etc.), l'universalité – en tant qu'espace partagé de compréhension entre les différentes cultures – devrait être envisagée comme une tâche infinie de traduction, de retravail constant de notre position particulière… Est-il nécessaire d'ajouter que cette vision de l'universalité, en tant que travail infini de traduction, n'a strictement rien à voir avec ces moments magiques où l'universalité effective fait brutalement son apparition sous la forme spectrale de l'ACTE éthico-politique? L'universalité réelle n'est pas l'espace neutre de la traduction, jamais définitivement conquis, d'une culture particulière vers une autre, mais bien plutôt l'expérience violente de la manière dont, à l'intérieur de la division des cultures, nous partageons le même antagonisme.

À ce point du raisonnement, bien sûr, une objection évidente s'impose: la sagesse tolérante d'Hollywood n'est-elle pas la caricature de la position vraiment radicale tenue par les *postcolonial studies*? Il faut répondre à cela: *est-ce si sûr?* Tout bien considéré, il y a plus de vérité dans cette caricature aplatie et schématique que dans la théorie postcoloniale la plus élaborée: Hollywood, au moins, a le mérite de délivrer le message idéologique réel débarrassé de son jargon soi-disant élaboré. L'attitude hégémonique aujourd'hui est celle de la « résistance » – ce dont témoignent les poétiques des minorités sexuelles, ethniques, des « multitudes » de modes de vie (gays, malades mentaux, prisonniers...), « résistants » face à un mystérieux pouvoir central (capitalisé). Des gays et lesbiennes aux derniers vestiges de droite, tout le monde « résiste ». Force est de constater que c'est le discours de la résistance qui est devenu la « norme » aujourd'hui et qu'il est, en tant que tel, devenu l'obstacle principal à l'émergence d'un discours qui questionnerait réellement les relations dominantes. La première chose à faire est donc d'attaquer le cœur même de cette attitude hégémonique, l'idée que le « respect de l'Autre » est l'axiome éthique le plus élémentaire :

> « Je dois insister particulièrement sur le fait que la formule « respect de l'Autre » n'a rien à voir avec une définition sérieuse du Bien et du Mal. Que peut bien signifier le « respect de l'Autre » lorsque l'on est en guerre contre l'ennemi, lorsqu'une femme vous quitte pour un autre, lorsque l'on est sommé de juger les œuvres d'un « artiste » médiocre, lorsque la science est attaquée par des sectes obscurantistes, etc. ? C'est très souvent le « respect des Autres » qui est nuisible, qui représente le Mal. Et particulièrement lorsque c'est la résistance contre les autres, et même la haine des autres, qui amène à l'action subjectivement juste[4]. »

Mais ce qu'on pourrait reprocher ici aux exemples de Badiou, c'est qu'ils présentent la limite de sa logique. Oui à la haine de l'ennemi, à l'intolérance à l'égard de la fausse sagesse, etc., etc. Mais n'est-ce pas la leçon du siècle dernier que d'avoir montré la nécessité de s'en tenir à une certaine limite, même et surtout lorsque l'on s'engage dans un tel combat – la limite qui est précisément celle de l'Altérité radicale de l'Autre ? Nous ne devrions JAMAIS réduire l'Autre à la figure de l'ennemi, au

4. « On Evil : An Interview with Alain Badiou », *Cabinet* n° 5 (Hiver 2001), p. 72.

support du faux savoir, etc.: existe toujours en lui, ou en elle, l'Absolu de l'abîme impénétrable inhérent à autrui. Le totalitarisme du XXe siècle et ses millions de victimes nous montre bien le danger qu'il y a à suivre jusqu'au bout ce qui nous apparaît comme une « action subjectivement juste ». Mais c'est précisément ce moment du raisonnement qu'il faudrait rejeter. Prenons, par exemple, le cas extrême d'une violente lutte à mort contre un ennemi fasciste. Doit-on mettre en pratique ici le respect pour l'abîme de radicale Altérité que présente la personnalité d'Hitler? Il faudrait plutôt mettre en pratique les mots bien connus du Christ annonçant qu'il apportait le glaive et la division et non l'unité et la paix: il faut combattre sans se préoccuper du respect et lutter de la façon la plus absolument impitoyable, *au nom de l'amour même de l'humanité*, incluant (s'il en reste) l'humanité des nazis eux-mêmes. En bref, il faudrait compléter la parole juive, souvent citée à propos de l'Holocauste (« Lorsque quelqu'un sauve un homme de la mort, c'est l'humanité entière qu'il sauve »), par: « Lorsque quelqu'un tue ne serait-ce qu'un seul vrai ennemi de l'humanité, c'est l'humanité entière qu'il sauve (et non, tue) ». Le vrai effort éthique ne réside pas seulement dans le fait d'être prêt à sauver les victimes, mais aussi – bien plus, peut-être – dans l'impitoyable affirmation d'anéantir ceux-là mêmes qui les ont rendus victimes.

Ce que masque l'insistance sur la multitude et la diversité, c'est bien sûr la monotonie délétère de la vie globale contemporaine. Alain Badiou, dans son pénétrant petit ouvrage sur Deleuze [5], a attiré l'attention sur la manière dont, plus qu'aucun philosophe, Deleuze répéta et redécouvrit sans cesse la même matrice conceptuelle, de la philosophie à la littérature et au cinéma. L'ironie de cet aperçu, c'est que c'est en général le reproche classique adressé à Hegel – quel que soit le sujet traité, à l'écrit ou à l'oral, Hegel se débrouille toujours pour revenir au même moule du processus dialectique… N'y a t-il pas une sorte de justice poétique dans le fait que Deleuze, l'anti-hégélien par excellence, soit précisément accusé du même travers? Cela est particulièrement pertinent pour la question de l'analyse sociale: est-il chose plus *monotone* que la poésie deleuzienne de la vie contemporaine et de sa prolifération décentrée de multitudes, de différences non totalisables? Ce qui fait obstacle à (et partant, soutient) cette monotonie est la multiplicité des allers-retours du sens, ses déplacements constants, sur laquelle se trame la texture idéologique.

Incassable (avec Bruce Willis) constitue peut-être le paradigme de l'opposition entre forme et contenu dans la constellation idéologique d'aujourd'hui. Pour ce qui est du contenu, ce film ne peut que nous sembler ridiculement infantile: le héros se découvre, dans la vie réelle, en fait, être un personnage de

5. Voir Alain Badiou, *Deleuze*, Paris, Hachette, 1997.

bandes dessinées, donc intouchable, invincible... Mais pour ce qui est de la forme, il s'agit d'un drame psychologique assez raffiné, filmé d'une manière tendrement mélancolique: les souffrances du héros, et le traumatisme que cela représente pour lui d'accepter ce qu'il est réellement, son destin, son mandat symbolique [6]. La scène où son propre fils veut lui tirer dessus pour lui prouver qu'il est vraiment invincible est ici exemplaire: alors que le père refuse cette épreuve, le fils se met à pleurer, désespéré de voir son père ne pas accepter la vérité sur lui-même. Pourquoi Willis ne veut-il pas qu'on lui tire dessus? A-t-il tout simplement peur de mourir, *ou est-il plutôt angoissé à l'idée d'avoir là une vraie confirmation de son immortalité?* N'est-ce pas le dilemme kierkegaardien même, celui de la « maladie de la mort »? Nous sommes plus effrayés de découvrir notre immortalité que notre finitude. C'est ici qu'il faudrait faire le lien entre Badiou et Kierkegaard: il est difficile et à proprement parler traumatisant pour l'animal humain d'accepter le fait que sa vie n'est pas seulement un stupide processus de reproduction et de quête du plaisir mais qu'elle est au service d'une Vérité. Et c'est ainsi que l'idéologie semble fonctionner aujourd'hui dans notre univers post-

6. Et la difficulté à assumer son destin est le grand thème du Hollywood post-traditionnel. Quel est le lien entre les deux films de Martin Scorcese, *La dernière tentation du Christ* et *Kundun*? Dans les deux cas, l'incarnation humaine de la figure divine (Jésus Christ, le Dalaï-lama) vit le processus difficile qui le fera assumer son mandat.

idéologique autoproclamé : nous accomplissons nos mandats symboliques sans les assumer vraiment, sans vraiment les « prendre au sérieux » : un père incarne le rôle symbolique du père, mais accompagne ce rôle d'un flot constant de commentaires ironiques et réflexifs, dénonçant la convention stupide de la paternité, etc.

Un récent *blockbuster* d'animation de la société Dreamworks, *Shrek* (Andrew Adamson et Vicky Jenson, 2001), rend compte à merveille de ce fonctionnement prédominant de l'idéologie : la trame narrative du conte de fée classique (le héros et son compagnon embarrassé et touchant s'apprêtent à sauver la princesse tombée dans les griffes du dragon) se voit enrobée de « distanciations » brechtiennes amusantes (la foule attroupée, qui assiste au mariage à l'église, est instruite de la juste contenance à tenir, mimant la fausse spontanéité des émissions télévisées : « Riez! », « Silence respectueux! »), de retournements politiquement corrects (après que les deux amoureux se sont embrassés, ce n'est pas l'ogre monstrueux qui est transformé en prince charmant, mais la magnifique princesse qui se transforme en fille ordinaire grassouillette), de piques ironiques contre la vanité féminine (alors que la princesse endormie attend le baiser de son sauveur, elle se recoiffe rapidement pour paraître plus attirante), de brusques retournements transposant les personnages méchants en gentils (le méchant dragon se révèle être une femelle attentive qui aidera plus tard les héros), jusqu'à des références anachroniques aux mœurs modernes et à la culture populaire. Loin de louer les possibilités « subversives » de ces déplacements et de ces réinscriptions et d'élever *Shrek* à la dignité d'un nouveau « lieu de résistance », on prendra plutôt soin de noter, qu'à travers tous ces déplacements, *c'est quand même, toujours, la même vieille histoire qui nous est servie.* En bref, la vraie fonction de ces déplacements et de ces opérations subversives est précisément de rendre encore sensible pour notre temps « postmoderne » cette histoire traditionnelle – et donc de nous empêcher de la remplacer par une NOUVELLE histoire... On ne s'étonnera pas que la séquence finale du film brode ironiquement autour du « I am a believer », le vieux succès des Monkees qui date des années soixante: c'est la manière dont aujourd'hui nous sommes croyants – nous nous amusons de nos croyances tout en continuant à les mettre en pratique, c'est-à-dire, en maintenant la structure sous-jacente de nos pratiques quotidiennes.

Dans la bonne vieille RDA, il était impossible pour une personne de combiner ces trois caractéristiques: la conviction (croire en l'idéologie officielle), l'intelligence et l'honnêteté. Convaincu et intelligent, vous n'étiez pas honnête; intelligent et honnête, vous ne pouviez pas être convaincu; convaincu et honnête, vous n'étiez pas intelligent. Cela ne convient-il pas aussi bien à l'idéologie de la démocratie libérale? Si vous prétendez prendre au sérieux l'idéologie libérale hégémonique, vous ne pouvez pas être à la fois intelligent et honnête : vous êtes soit complètement idiot, soit cyniquement corrompu. Si l'on peut, ainsi, me pardonner une allusion d'assez mauvais goût à l'*homo sacer* d'Agamben *, on pourrait se risquer à déclarer que le mode libéral prédominant de la subjectivité aujourd'hui se dit *homo sucker* : n'ayant de cesse d'essayer d'exploiter et d'instrumentaliser autrui, *homo sucker* finit par devenir lui-même l'ultime zozo. Lorsque nous pensons nous amuser de l'idéologie actuelle, nous ne faisons que renforcer l'emprise qu'elle a sur nous.

Le Code Hayes en l'an 2000

Tout cela signifie que, dans nos sociétés soi-disant « permissives », la censure idéologique a le vent en poupe, bien que forcément déplacée. Au bon vieux temps de la censure imposée par le Code Hayes, la procédure hollywoodienne consistait à remplacer la tristesse de la fin d'un livre ou d'un film par l'obligatoire *happy end* enlevé. Mais avec *Hannibal* de Ridley Scott, la boucle est d'une certaine manière bouclée. Dans le roman de Thomas Harris, Hannibal Lecter et l'agent du FBI Clarisse Sterling vivent ensemble, en couple à Buenos Aires, ce que le film a censuré en optant pour une fin

* *NdÉ* : Giorgio Agamben, *Homo Sacer. Le Pouvoir souverain et la vie nue*, Paris, Le Seuil-Librairie du XXe siècle, Paris, 1998.

plus acceptable. Un renversement aussi étrange de la procédure habituelle appelle une analyse plus poussée car il témoigne d'investissements idéologiques extrêmement forts [7]. Pourquoi alors cela a-t-il eu lieu? Lorsque Ridley Scott accepta de tourner *Hannibal*, il se mit immédiatement en contact avec Harris: « La fin était une question très épineuse, alors la première chose que je décidai fut d'appeler Tom Harris. Je lui ai dit combien cela me paraissait peu vraisemblable. Cela m'apparaissait subitement comme un saut quantique pour ce personnage que je voyais incorruptible et intransformable. Cela ne pouvait pas se terminer ainsi. Ces qualités étaient ce qui avait rendu Clarisse si fascinante aux yeux de Hannibal. Si elle lui avait dit oui, il l'aurait tuée [8]. » Qu'est-ce qui reste donc si inadmissible dans ce « *happy end* le plus étrange de l'histoire de la fiction populaire »? Est-ce seulement une question psychologique, ce fait que « ce retournement soit absolument étranger au caractère de Clarisse »?

La réponse exacte se situe exactement à l'opposé: on assiste dans *Hannibal* à la réalisation directe de ce que Freud a appelé le fantasme primordial:

7. Le seul cas identique se retrouve dans *La Cité des anges*, le remake hollywoodien des *Ailes du désir* de Wim Wenders: dans l'original allemand, l'ange transformé en être humain ordinaire vit pour toujours heureux de son amour alors que, dans la version hollywoodienne, la femme pour qui il a abandonné l'immortalité pour la vie ordinaire marquée par la finitude est écrasée, à la fin du film, par un camion.

8. Cité dans « The passions of Julianne Moore », *Vanity Fair*, mars 2001, p. 127.

la scène subjective de désir la plus profonde, qui ne peut pas être directement admise par le sujet. Bien sûr, Hannibal est un objet d'intense investissement, d'attachement vraiment passionné – depuis *Le Silence des agneaux* nous aimons ce charmeur magnifique (et dans le couple formé par Hannibal et Clarisse, Clarisse représente ce « nous », ce point d'identification du spectateur). *Hannibal* échoue précisément parce qu'à la fin du roman l'œuvre réalise DIRECTEMENT ce fantasme qui se doit de rester implicite – le résultat est donc « psychologiquement peu vraisemblable », non parce qu'il est faux, mais parce qu'il se rapproche TROP de notre noyau fantasmatique. Pour une fille dont le destin serait d'être dévoré par une figure paternelle charmante et diabolique, le *happy end* ne représente-t-il pas l'alternative maternelle, exactement comme les choses semblent tourner en Irak? La raison dernière de l'échec d'*Hannibal* est donc que l'œuvre transgresse l'interdit du fantasme primordial qui seul rend « palpable » psychologiquement l'univers cinématographique. C'est en cela que réside la vérité de l'aperçu d'Adorno: « Un film qui appliquerait à la lettre les prescriptions du Code Hayes pourrait sans doute être une grande œuvre d'art, mais pas dans un monde où existe un Code Hayes »[9]. Le fantasme primordial ne relève pas d'une vérité dernière, cachée, mais d'un mensonge

9. Theodor W. Adorno, *Minima Moralia, Réflexions sur la vie mutilée*, Payot, Paris, 1980.

fondateur et ultime qui permet de comprendre pourquoi la distance à l'égard du fantasme, le refus de le mettre en scène directement, ne témoigne pas seulement d'une force de refoulement mais incarne la possibilité pour nous d'articuler cette fausseté du fantasme.

La Pianiste (France/Autriche, 2001) de Michael Haneke nous offre un repère précis pour penser cette énigme. Le film est l'adaptation d'un roman d'Elfriede Jelinek * qui raconte l'histoire d'un amour passionné, mais pervers, entre un jeune pianiste et son professeur plus âgée (superbement interprétée par Isabelle Huppert), en référence au vieux cliché de la Vienne *fin de siècle* où une jeune fille subit le refoulement sexuel de sa famille bourgeoise et tombe passionnément amoureuse de son professeur de piano. Mais aujourd'hui, cent ans après, ce ne sont pas seulement les rôles sexuels traditionnels qui se trouvent inversés : dans les temps permissifs qui sont les nôtres, il faut encore donner à cette histoire un tour pervers. Les choses progressent vers leur tournant fatidique et leur inexorable fin tragique jusqu'au moment où, en réponse aux avances sexuelles passionnées du garçon, la professeur « refoulée » se confie à lui violemment, lui écrivant une lettre consignant la liste détaillée de ses exigences (au fond, un scénario masochiste : comment elle voudrait qu'il l'attache, qu'il la force

* *NdÉ* : Elfriede Jelinek, *La Pianiste*, tr. de L. Hoffmann, éditions Jacqueline Chambon, Nîmes, 1998.

à lui lécher l'anus, qu'il la gifle et même la batte, etc.). Il est crucial que ces demandes soient ÉCRITES : ce qui est confié au papier est bien trop traumatique pour être dit dans la conversation car il ne s'agit de rien moins que de son fantasme le plus profond. Leur confrontation, lui et ses effusions affectueusement passionnées, elle et sa distance froide et impassible, ne doit pas nous tromper : c'est elle qui en fait se confie, qui lui abandonne son fantasme nu, alors que lui reste enfermé dans un processus de séduction bien plus superficiel. Il ne fait aucun doute que c'est cette franchise qui le rend nerveux : l'exposition directe de son fantasme l'a radicalement changée à ses yeux, transformant son statut d'objet d'amour fascinant en entité répulsive impossible à supporter. Pourtant, peu après, c'est lui qui se sent perversement attiré par son scénario fantasmatique, pris dans son excessive jouissance ; il tente d'abord de lui renvoyer son propre message en mettant en pratique certains des éléments de son fantasme (il la gifle et la fait saigner du nez, il la frappe violemment...) ; c'est au moment où elle craque et abandonne tout désir de réalisation de son fantasme que lui décide de passer à l'acte et de lui faire l'amour afin de sceller sa victoire. La consommation de l'acte sexuel qui s'ensuit, presque insoutenable de souffrance, apparaît comme le meilleur exemple du *il n'y a pas de rapport sexuel* lacanien : bien que l'acte s'inscrive dans la réalité, il est – pour elle au moins – privé de son support fantasmatique et se transforme donc en expérience dégoûtante qui la laisse complètement froide et la pousse au suicide. Il serait tout à fait erroné d'interpréter l'exposition de son fantasme comme une formation de défense contre l'acte sexuel en tant que tel, comme l'expression de son incapacité à se laisser aller au plaisir: au contraire, le fantasme exposé forme le cœur de son être, « en elle plus qu'elle-même ». C'est l'acte sexuel, en réalité, qui est une formation de défense, contre le risque incarné dans le fantasme.

Dans son séminaire sur l'angoisse (1962-1963)*, Lacan montre bien que le vrai but du masochiste n'est pas de déclencher la *jouissance* de l'Autre, mais de provoquer son angoisse. Ce qui veut dire que, bien que le masochiste se soumette à la torture de l'Autre, qu'il veuille le servir, c'est lui-même qui définit les règles de sa servitude; quand bien même il semble s'offrir comme instrument de la *jouissance* de l'Autre, il dévoile en fait son propre désir à l'Autre et en suscite ainsi l'angoisse – pour Lacan, l'objet véritable de l'angoisse est précisément la trop grande proximité du désir de l'Autre. C'est ici que repose l'économie libidinale de l'instant où, dans *La Pianiste*, l'héroïne énonce à son séducteur le scénario détaillé des manières de la maltraiter: ce qui provoque sa répulsion est

* *NdT*: *Le Séminaire IX, L'angoisse*, texte établi par Jacques-Alain Miller, Le Seuil-Champ Freudien, Paris, 2004.

cette révélation totale de son désir [10].

Ainsi, et pour en revenir à *Hannibal*, sa leçon fondamentale concerne la proximité fantastique et absolue du trauma et du fantasme: ces deux notions ne sont jamais simplement opposées (le fantasme fonctionnant comme un écran protégeant du pur Réel du trauma). Il y a toujours quelque chose de profondément traumatique à se confronter directement à son fantasme primordial – une telle confrontation, insuffisamment supervisée par l'analyste, peut aisément aboutir à une désintégration subjective complète. Inversement, il y a toujours quelque chose du fantasme dans le trauma: même le traumatisme le plus extrême, du viol collectif aux humiliations et aux souffrances des camps de concentration, peut se trouver avoir d'étranges résonances avec nos fantasmes désavoués les plus profonds. Ce qui explique pourquoi le sujet, après avoir été contraint à subir une épreuve aussi horrible, ressent de manière générale une culpabilité « irrationnelle », ou au moins se sent entaché, ce qui est la preuve définitive d'une insupportable *jouissance*. Ainsi, alors que le Lacan structuraliste « classique » me demande d'oser la vérité, d'assumer subjectivement la vérité de mon désir inscrite dans le grand Autre, le second Lacan est plus proche d'une sorte d'alternative entre la vérité et le défi:

10. Ne retrouve-t-on pas dans *Fight Club* un parfait exemple de ce mouvement dans la scène où Ed Norton se tabasse lui-même devant son patron? Au lieu de provoquer la jouissance du patron, ce spectacle au contraire suscite évidemment son angoisse.

la vérité (symbolique), c'est pour ceux qui n'osent pas: mais qui n'osent pas quoi? Qui n'osent pas se confronter au noyau fantasmatique (au Réel) de leur *jouissance*. Au niveau de la *jouissance*, la vérité est tout simplement inopérante, c'est quelque chose, en fin de compte, qui ne compte pas.

Ceci, bien sûr, n'implique aucunement qu'*Hannibal* ne respecte pas d'autres aspects de la censure idéologique hollywoodienne. Le film se déroule dans un décor de carte postale typique, que cela soit le centre ville de Florence ou les banlieues riches de Washington, de telle sorte qu'en dépit de tous les épisodes d'horreur et de dégoût physiques, la dimension d'inertie et de décrépitude matérielles, la lourdeur de la réalité matérielle qui « sent », sont totalement absentes – Hannibal peut bien manger un cerveau, ce cerveau, ON NE LE SENT PAS. Remarquons incidemment que c'est cette même censure, celle qui évite l'impact du trop de réel, qui nous permet de rendre compte de l'impact des westerns de Sergio Leone (au moins d'une partie d'entre eux). Clint Eastwood, qui a joué dans trois de ses films, a suggéré que Leone avait totalement transformé le genre western, pour la simple raison qu'il n'était pas au courant de la censure exercée par le Code Hayes: « Par exemple, le Code Hayes avait depuis longtemps indiqué qu'un personnage touché par une balle ne pouvait pas être dans le même plan que le pistolet d'où partait la balle : l'effet était trop violent. Vous deviez le filmer séparément, puis montrer la personne tomber… / Sergio ne connaissait pas cette obligation, il reliait donc les deux… Vous voyez la balle partir, vous voyez le pistolet tirer, vous voyez le gars tomber, cela n'avait jamais été fait de cette manière avant [11] ». Cette transgression de l'interdit a ouvert une brèche pour le « retour du refoulé » du western américain – on ne s'étonnera pas que la vision italienne mythique et « fausse » des westerns de Sergio Leone ait été reprise plus tard par Hollywood (exemplairement dans le fantastique *Mort ou vif* avec Sharon Stone).

De la violence oppressive à la violence rédemptrice

La situation devient même plus complexe dans les cas de violence (physique). *Le Fugitif* d'Andrew Davis a proposé une version limpide de *passage à l'acte* *, violent et rusé, qui fonctionne comme support d'un déplacement idéologique. Vers la fin du film, le médecin innocent mais persécuté (Harrison Ford) est confronté, lors d'un grand colloque médical, à son collègue (Jeroem Kraabe) qu'il accuse d'avoir falsifié des données médicales au profit d'une grande entreprise pharmaceutique. À ce moment précis, alors qu'on s'attendrait à

11. Cité par Christopher Frayling, *Sergio Leone. Something To Do With Death*, Londres, Faber and Faber, 2000, p. 143.
* *NdT* : en français dans le texte.

ce que le film bascule dans la dénonciation de l'entreprise (du capitalisme d'entreprise), Kraabe interrompt son discours et invite Ford à s'asseoir à côté de lui. Ensuite, au sortir de la salle, ils s'engagent dans une bagarre violente, passionnée jusqu'à ce que leurs visages soient couverts de sang. La scène, un peu ridicule, est éloquente: comme s'il fallait, pour sortir du jeu idéologique de l'anti-capitalisme, opérer un léger déplacement qui rende sensible la fêlure du récit. Un autre aspect de cette question est visible dans la transformation du méchant (Kraabe) en personnage vicieux, railleur, pathologique, comme si la dépravation psychologique (sensible lors du spectacle de la bagarre) devait remplacer le mouvement anonyme et non psychologique du capital: un geste bien plus opportun aurait été de présenter le collègue corrompu comme un personnage psychologiquement sincère et intérieurement honnête qui, à cause des difficultés financières de l'hôpital dans lequel il travaille, succombe à la tentation et mord à l'hameçon de l'entreprise pharmaceutique.

Un pas de plus est franchi, au-delà de ce niveau zéro de la violence, dans *Taxi Driver* de Paul Schrader et Martin Scorcese, où dans une fin flamboyante, Travis (Robert de Niro) s'oppose aux maquereaux qui contrôlent la jeune fille (Jodie Foster) qu'il veut sauver. La dimension suicidaire implicite de ce *passage à l'acte* est centrale ici: en se préparant à l'attaque, Travis joue avec son pistolet face au miroir; dans ce qui est la scène la plus célèbre du film il s'adresse à sa propre image dans le miroir de façon agressive et condescendante: « C'est à moi qu'tu parles *? » Dans un dessin d'un manuel illustrant la notion lacanienne de « stade du miroir », l'agressivité est clairement retournée contre le sujet, contre sa propre image au miroir. Cette dimension suicidaire resurgit à la fin de la scène de carnage dans laquelle Travis, gravement blessé et arc-bouté au mur, mime de l'index de la main droite un pistolet braqué sur son front ensanglanté et actionne la gâchette, comme s'il disait « la vraie cible de ma fureur, c'était moi-même ». Le paradoxe de Travis est qu'il se perçoit *lui-même* comme une part de la saleté dégénérée de la vie urbaine qu'il se doit d'éradiquer et, comme Brecht le disait à propos de la violence révolutionnaire dans *La Décision*, et qu'il veut être, de cette façon, la dernière poussière de saleté dont l'élimination signifiera que la pièce est propre.

C'est une ligne ténue, à peine visible, mais néanmoins cruciale, qui sépare *Taxi Driver* du *Fight Club* de David Fincher (1999), un extraordinaire sommet d'Hollywood. Le héros insomniaque du film (admirablement interprété par Edward Norton) suit le conseil de son docteur et, afin de découvrir ce que peut signifier la vraie souffrance, commence à fréquenter le groupe d'aide aux victimes du cancer des testicules… Cependant, il s'aperçoit bien

* *NdT*: le fameux: « You talkin' to me? ».

vite combien une telle pratique de l'amour du prochain repose sur une position subjective erronée (une position de compassion voyeuriste, en fait). Peu après, il décide donc de s'impliquer dans un exercice bien plus radical. Il fait la connaissance de son voisin, dans un avion, Tyler (Brad Pitt), qui est un jeune homme charismatique. Il lui explique la vacuité de sa vie, faite d'échecs, de culture de consommation vide, et lui propose une solution : pourquoi pas une bagarre, se passer l'un l'autre à tabac ? Et petit à petit, c'est un mouvement social en tant que tel qui se développe sur ces bases : des matches de boxe secrets commencent à se tenir dans tout le pays après la fermeture des bars, dans les sous-sols. Le mouvement se politise alors très vite et organise une attaque terroriste contre les grandes entreprises… Il y a, au milieu du film, une scène quasiment insoutenable, digne des plus grands moments d'étrangeté chez David Lynch, que l'on peut considérer comme un indice éclairant le tour tout à fait surprenant que prend le film à la fin : pour que son patron le paye à ne rien faire, le narrateur le fait chanter en se jetant à travers son bureau et se passe à tabac lui-même avant que le service de sécurité n'arrive ; face à un patron consterné, le narrateur laisse entendre que c'est lui qui l'a agressé.

Que représente donc cette attitude d'« auto-tabassage » ? Une première approche conclut évidemment à une mise en jeu de la tentative de rétablir le lien avec l'Autre réel, c'est-à-dire de suspendre l'abstraction fondamentale et glacée de la subjectivité capitaliste, dont la figure de l'individu solitaire absorbé par l'écran de son PC et communiquant avec le reste du monde constitue le meilleur exemple. À la différence de la compassion humanitaire qui nous permet de maintenir la distance vis-à-vis de l'autre, la violence même de la bagarre est le signe de son abolition. Bien que cette stratégie soit risquée et ambiguë (elle peut sans peine régresser à la formation de mâles violents relevant d'une logique machiste proto-fasciste), ce risque doit être assumé : il n'y a pas d'autre dehors à la clôture de la subjectivité capitaliste. L'énoncé « personne ne peut passer DIRECTEMENT de la subjectivité capitaliste à la subjectivité révolutionnaire » est donc la première leçon de *Fight Club* [12] : l'abstraction, la forclusion de l'autre, l'aveuglement à la souffrance et au chagrin d'autrui, doivent tout d'abord être brisés par un geste qui prend le risque de toucher directement à la souffrance d'autrui – geste qui, parce qu'il ruine le noyau même de notre identité, apparaît extrêmement violent. Néanmoins, il existe une autre dimension

12. C'est un indice clair des contraintes imposées par la perspective politiquement correcte que la presque totalité des réactions critiques à *Fight Club* soient restées aveugles à ce potentiel libérateur de la violence : la plupart n'ont vu dans ce film que la réaffirmation d'une violente masculinité réagissant, sur le mode paranoïaque, aux récentes tendances de dislocation de la masculinité traditionnelle ; le film était donc, soit logiquement condamné au nom du proto-fascisme, soit recommandé en tant que critique de cette même attitude proto-fasciste.

à l'œuvre dans l'auto-tabassage: c'est l'identification scatologique (excrémentielle) du sujet. Cette identification équivaut à adopter la position du prolétaire qui n'a rien à perdre. Le pur sujet ne peut naître que de cette expérience, expérience de désintégration subjective radicale, lorsque *je* permets à *l'autre* de m'abaisser, lorsque je le provoque à le faire, me vidant ainsi de tout contenu substantiel, de tout support symbolique susceptible de me conférer un minimum de dignité. Il s'ensuit que lorsque Norton se tabasse lui-même face à son patron, son message est: « Je sais que tu voudrais m'en coller une, mais vois-tu, ton désir de me tabasser est aussi le mien; donc, si tu m'en collais une, tu remplirais le rôle de l'agent de mon désir masochiste pervers. Comme tu es bien trop lâche pour réaliser ton désir, je le fais à ta place – ça y est, tu as devant toi ce que tu as toujours voulu. Pourquoi es-tu si consterné? Tu n'es pas prêt à l'accepter? » Crucial ici est l'écart entre le fantasme et la réalité: le patron, bien sûr, n'aurait en réalité jamais tabassé Norton, il est plutôt du côté du fantasme. L'effet pénible, assister au spectacle de Norton se tabassant lui-même, s'articule au fait même que Norton met en scène le contenu du fantasme secret que son patron n'aurait jamais pu réaliser.

Il est paradoxal qu'un tel spectacle soit le premier pas vers la libération: par ce moyen, l'attachement libidinal masochiste de l'esclave à son maître est amené en pleine lumière et l'esclave acquiert donc une DISTANCE minimale à son égard. Déjà, au niveau purement formel, le fait de se tabasser soi-même rend évident le fait que le maître est superflu: « Qu'ai-je besoin de toi pour me terroriser? Je puis très bien le faire moi-même! » Ce n'est donc, dans un premier temps, qu'en se tapant dessus SOI-MÊME que l'on devient libre: la visée première de cette violence est de violenter *en soi* le lien qui attache au maître. Lorsque, vers la fin, Norton se tire dessus (et y survit, puisqu'il ne tue en fait que son double, « Tyler en lui-même ») il se désaliène par là même de la relation duelle au miroir de la violence: à ce point d'auto agression, cette logique s'annule elle-même et Norton n'aura plus besoin de se tabasser – il pourra désormais se battre contre le véritable ennemi (le système). Soit dit en passant, c'est cette même stratégie qui est, de temps à autre, mise en œuvre dans les manifestations politiques: alors qu'une foule est arrêtée par les forces de police qui s'apprêtent à passer à tabac tout le monde, le moyen le plus sûr pour proposer un renversement inouï de la situation consiste, pour les manifestants, à commencer à se tabasser les uns les autres. Loin d'apporter une quelconque satisfaction au témoin sadique, cette auto-torture masochiste frustre le sadique en le privant de son pouvoir sur le masochiste. Le sadisme implique une relation de domination, alors que le masochisme est le premier pas nécessaire vers la libération [13]. Lorsque nous sommes soumis à un mécanisme de pouvoir, la sujétion renvoie toujours, par définition, à un investissement libidinal: la sujétion elle-même génère un plus-de-jouir. Cette sujétion s'exprime par un réseau de pratiques corporelles « matérielles » et c'est pour cette raison que nous ne pouvons nous débarrasser de cette servitude par la simple réflexion intellectuelle – notre libération doit être mise en scène par une sorte de « performance » corporelle. Plus encore, cette « performance » se doit d'être d'une nature apparemment « masochiste », elle doit mettre en scène le processus douloureux de se tabasser soi-même.

13. Voir Gilles Deleuze, Présentation de *Sacher-Masoch, Le froid et le cruel,* Paris, éditions de Minuit, 1967.

II

Matrix, ou les deux faces de la perversion

Lorsque je suis allé voir *Matrix* dans un cinéma en Slovénie, j'ai eu la chance unique de m'asseoir à côté du spectateur idéal pour ce film – à savoir, un idiot. Un homme de la fin du XXe siècle, à ma droite, était si attentivement plongé dans le film qu'il ne cessait de déranger les autres spectateurs par des exclamations à haute voix du genre « Mon Dieu, Waow, alors il n'y a pas de réalité! » Je préfère résolument pour ma part une telle immersion naïve aux lectures intellectualistes pseudo-élaborées qui projettent dans ce film des distinctions conceptuelles philosophiques ou psychanalytiques raffinées. Il est cependant aisé de comprendre cette attraction intellectuelle suscitée par *Matrix*: *Matrix* n'est-il pas un de ces films fonctionnant comme une sorte de test de Rorschach mettant en branle un processus universalisé de reconnaissance, comme cette peinture de Dieu bien connue qui semble vous regarder d'où que vous la contempliez? Pratiquement toutes les orientations de la pensée contemporaine semblent s'y refléter et s'y reconnaître *. Mes amis lacaniens me racontent que les réalisateurs ont certainement lu Lacan; les partisans de l'École de Francfort

* *NdT*: Mentionnons l'ouvrage collectif paru en France l'année dernière: Alain Badiou, Thomas Benatouil, et autres, *Matrix, machine philosophique*, Ellipses, Paris, 2003.

voient dans *Matrix* l'incarnation extrapolée de la *Kulturindustrie*, la Substance sociale aliénée et réifiée prenant le pas sur notre vie intérieure la plus intime et la colonisant, nous instrumentalisant, faisant de nous des sources d'énergie; les fans du *New Age* y trouvent une source de spéculations sur la manière dont notre monde se réduit à un mirage, engendré par un Esprit global incarné dans le réseau internet mondial. Cette trilogie nous renvoie à la *République* de Platon: la Matrice ne répète-t-elle pas exactement le dispositif de la Caverne imaginée par Platon dans laquelle les hommes ordinaires sont enchaînés, prisonniers, et ne contemplent que l'ombre de ce qu'ils considèrent à tort comme étant la réalité? La différence, de taille, bien sûr, est que lorsque certains arrivent à s'échapper de leur consternante situation et sortent de la caverne pour se retrouver à la surface de la terre, ce n'est plus la surface lumineuse baignée par les rayons du Soleil, le Dieu suprême, qu'ils découvrent, mais un spectacle de désolation, le « désert du réel ». L'opposition clé est, ici, entre l'École de Francfort et Lacan: devons-nous historiciser *Matrix* et en faire une métaphore du Capital qui a colonisé la culture et la subjectivité, ou présente-t-il la réification de l'ordre symbolique en tant que tel? Et si cette alternative elle-même se révélait être un leurre? Si le caractère virtuel de l'ordre symbolique « en tant que tel » était la condition même de l'historicité?

Le grand Autre « réellement existant »

Qu'est-ce que la Matrice? Ce n'est rien moins que le « grand Autre », l'ordre symbolique virtuel, le réseau qui structure pour nous la réalité. Cette dimension du « grand Autre » est celle de l'aliénation constitutive du sujet dans l'ordre symbolique: le grand Autre tire les ficelles, le sujet ne parle pas, c'est la structure symbolique qui parle à travers lui, il « est parlé » par elle. Pour aller vite, ce « grand Autre » est le nom de la Substance sociale, et la raison pour laquelle le sujet ne maîtrise jamais complètement les effets de ses actes, c'est-à-dire la raison pour laquelle le résultat final de son action est toujours autre au regard de ce qu'il visait ou anticipait. Mais il est ici capital de se souvenir des chapitres cruciaux du *Séminaire XI*, où Lacan s'efforce de présenter dans le détail l'opération qui suit l'aliénation et constitue, en quelque sorte, son contrepoint, la séparation: l'aliénation DANS le grand Autre est suivie par la séparation DU grand Autre *. La séparation a lieu lorsque le sujet prend en charge, en lui-même, l'inconsistance du grand Autre, son caractère purement virtuel, « barré », privé de la Chose: le fantasme est une tentative de remplir ce manque en l'Autre, non dans le sujet, c'est-à-dire de (re)constituer la consistance du grand Autre. C'est pour cette raison

* *NdT*: voir *Les quatre concepts fondamentaux de la psychanalyse*, *op. cit.*, pp. 227 et suivantes.

que le fantasme et la paranoïa sont naturellement liés: la paranoïa est, à son niveau le plus élémentaire, une croyance en un « Autre de l'Autre », en un autre Autre qui, caché derrière l'Autre de la texture sociale donnée, programme (ce qui nous apparaît comme) les effets inaperçus de la vie sociale, garantissant ainsi sa consistance: sous le chaos du marché, le déclin de la morale, etc., se cache la stratégie réfléchie du complot juif... Cette position paranoïaque se renforce d'ailleurs considérablement aujourd'hui avec la numérisation de nos vies quotidiennes: alors que notre existence sociale entière s'externalise et se matérialise progressivement dans le grand Autre du réseau numérique, il est facile d'imaginer un programmeur, suppôt du Mal, effaçant nos identités digitales et nous privant ainsi de notre existence sociale, nous transformant en non-personnes.

Si l'on suit ce tour paranoïaque, la thèse de *Matrix* postule que ce grand Autre s'est externalisé dans le Super Ordinateur. Il y a une Matrice, et il *doit y avoir* une Matrice, parce que « les choses ne vont pas bien, les occasions sont manquées, quelque chose ne tourne pas rond ». Dès lors, la thèse du film est qu'il en va ainsi parce qu'il existe une Matrice qui obscurcit la « vraie » réalité cachée derrière les apparences. Par conséquent, le film apparaît comme problématique en ce que, supposant une « vraie » autre réalité derrière notre réalité quotidienne soutenue par la Matrice, il n'est pas assez « fou ». Évitons alors un gros malentendu: l'idée inverse, selon laquelle « tout ici-bas est généré par la Matrice », l'idée qu'il n'existe PAS de réalité dernière mais uniquement une série infinie de réalités virtuelles se reflétant les unes dans les autres, n'est pas moins idéologique. (Dans la suite de la trilogie, nous apprendrons probablement que le « désert du réel » lui-même est généré par une autre Matrice). Il aurait été plus subversif, à la place de cette multiplication d'univers virtuels, d'inventer une multiplication des réalités elles-mêmes – quelque chose qui reproduirait le danger paradoxal que certains physiciens redoutent dans les expérimentations récentes des grands accélérateurs de particules. Il est bien connu en effet que les scientifiques essaient aujourd'hui de construire des accélérateurs capables de faire se rencontrer des noyaux d'atomes extrêmement lourds à des vitesses approchant celle de la lumière. Une telle collision ne diviserait pas seulement les noyaux atomiques en leurs constituants, les protons et les neutrons, mais pulvériserait les protons et les neutrons eux-mêmes, produisant un « plasma », une sorte de soupe énergétique faite de quark flottant et de particules gluon, des éléments de la matière qui n'ont jamais été étudiés sous cette forme puisqu'un tel état de la matière n'a existé que brièvement après le Big Bang. Cette perspective a pourtant suscité un scénario cauchemardesque: et si le succès de cette expérimentation donnait naissance à une machine de Jugement dernier, une sorte de monstre dévorant le monde qui, avec une inexorable nécessité, réduisait à néant la matière ordinaire environnante et ainsi anéantissait le monde tel que nous le connaissons? L'ironie de cette affaire est que cette fin du monde, la désintégration de l'univers, serait la preuve définitive et irréfutable que la théorie testée était vraie, puisque ce processus engouffrerait toute la matière à l'intérieur d'un trou noir et provoquerait la naissance d'un nouvel univers recréant parfaitement le scénario du Big Bang.

Le paradoxe tient ainsi au fait que les deux versions (1/celle d'un sujet flottant librement d'une réalité virtuelle à une autre, un pur spectre conscient du fait que chaque réalité est un leurre; 2/celle de la supposition paranoïaque d'une réalité en deçà de la Matrice) se révèlent fausses: elles éludent toutes deux la dimension du Réel. Le film n'a pas tort d'insister sur le fait qu'*il y a* un Réel en deçà de la simulation de la Réalité Virtuelle – comme Morpheus le présente à Néo lorsqu'il lui montre le paysage désolé d'un Chicago en ruine: « Bienvenue dans le désert du réel ». Cependant, le Réel n'est pas la « vraie réalité » dissimulée derrière la simulation virtuelle mais le *vide* qui rend la réalité incomplète et inconsistante, la fonction de toute Matrice symbolique étant de dissimuler cette inconsistance – une des manières de réaliser cette dissimulation étant précisément de déclarer que derrière la réalité incomplète et inconsistante connue, il existe une autre réalité qui pourrait la structurer.

« Le grand Autre n'existe pas »

Le « grand Autre » représente aussi le champ du sens commun auquel aboutit la libre réflexion – philosophiquement, sa dernière grande actualisation est la communauté de communication régulée par l'idéal de la négociation telle qu'elle a été pensée par Habermas. C'est ce « grand Autre » qui aujourd'hui se désintègre progressivement. Nous nous retrouvons aujourd'hui dans une situation radicalement clivée : le langage objectivé des experts et des scientifiques ne peut plus être traduit dans un langage commun accessible à tous mais on le retrouve sous le mode de formules fétichisées que personne ne comprend vraiment, et il façonne notre imaginaire artistique et populaire (le trou noir, le Big Bang, l'oscillation quantique...). Le jargon des experts, non seulement celui des sciences naturelles mais aussi celui de l'économie et des autres sciences sociales, nous est présenté sous la forme d'un discours objectif avec lequel personne ne peut vraiment dialoguer et qui est, simultanément, intraduisible dans les termes de l'expérience commune. Pour le dire en un mot, le fossé creusé entre le discours scientifique et le sens commun est devenu infranchissable et c'est ce fossé lui-même qui élève les scientifiques au rang de figures populaires cultes du « sujet supposé savoir » (le phénomène Stephen Hawking). L'envers exact de cette « objectivité » est la manière dont, en matière culturelle, nous sommes confrontés à la diversité des styles de vie qu'il nous est impossible de traduire les uns à partir des autres, la seule chose que nous puissions faire étant de garantir les conditions de leur coexistence tolérante dans le cadre d'une société multiculturelle. L'icône du sujet contemporain est d'ailleurs peut-être ce programmeur informatique indien qui pendant la journée excelle dans l'expertise numérique et qui le soir, en rentrant chez lui, fait brûler un cierge à la divinité hindoue locale et respecte le caractère sacré des vaches. Ce clivage est admirablement illustré par le phénomène du cyberespace. Du cyberespace, on attendait pour tous la possibilité de vivre dans un village global; cependant, il faut bien reconnaître que ce qui est arrivé, c'est que nous ne cessons d'être bombardés d'une multitude de messages appartenant à des univers inconsistants et incompatibles: à la place du village global, à la place du grand Autre, nous avons obtenu une multitude de « petits autres », nous offrant un choix multiple d'identifications à des particularismes tribaux. Il faut ici aussi éviter un malentendu: Lacan est loin de relativiser la science en en faisant un récit arbitraire parmi d'autres récits arbitraires, dans une démarche comparable aux mythes politiquement corrects. Lacan tient que la science « touche au Réel », le savoir qu'elle construit EST « un savoir du Réel »: l'impasse réside simplement aujourd'hui dans le fait que le savoir scientifique ne nous sert plus de « grand Autre » SYMBOLIQUE. Le fossé entre la science moderne et le bon sens aristotélicien de l'ontologie philosophique est ici insurmontable: si un premier signe de ce fossé se repère avec Galilée, il se creuse de manière extrême avec la physique quantique, lorsque nous avons affaire à des lois et à des règles qui fonctionnent dans le réel bien qu'elles ne puissent plus être retraduites dans notre expérience de la réalité représentable.

La théorie de la société du risque, en mettant en lumière le phénomène de « réflexivisation » globale de la société, est en droit d'insister sur le fait qu'aujourd'hui nous sommes arrivés en quelque sorte à une issue opposée à celle prédite par l'idéologie universaliste classique des Lumières qui pensait, qu'à long terme, les questions fondamentales seraient résolues par les compétences du « savoir objectif » des experts: confrontés aux opinions contradictoires concernant les conséquences qu'un nouveau produit pourrait avoir sur l'environnement (les légumes génétiquement modifiés par exemple) nous recherchons en vain une parole d'expert qui pourrait trancher le problème… Mais le problème, justement, n'est pas que les vraies solutions se sont éloignées en raison de la corruption de la science par la mainmise financière des grandes entreprises et des agences gouvernementales: non, en tant que telles, les sciences ne peuvent pas produire de réponse satisfaisante. Les écologistes prévoyaient il y a quinze ans la disparition de nos forêts: le problème actuel est une trop grande croissance de l'espace forestier... Là où cette théorie de la société du risque est trop courte, c'est lorsqu'elle souligne la tâche irrationnelle qui nous incombe à nous, sujets ordinaires: de plus en plus on nous impose des prises de décisions, alors que nous savons bien que nous ne sommes absolument pas en position de décider quoi que ce soit et que notre décision relèverait de l'arbitraire. Ulrich Beck et ses disciples se réfèrent ici à l'idée de la discussion démocratique qui permet, par l'établissement d'un consensus, d'envisager toutes les options possibles; cela ne résout néanmoins pas le dilemme: pourquoi la discussion démocratique, à laquelle la majorité participe, donnerait-elle de meilleurs résultats alors que, du point de vue de la connaissance, c'est l'ignorance de la majorité qui est la règle. La frustration politique de la majorité est ainsi aisément compréhensible: elle est sommée de décider alors que, dans le même temps, elle reçoit clairement le message qu'elle n'est en aucune manière en position de décider dans les faits, c'est-à-dire de peser objectivement le pour et le contre. Le recours aux « théories du complot » apparaît ainsi comme une tentative désespérée d'échapper à cette impasse, de reconquérir un minimum de ce que Fredric Jameson appelle « le territoire de la connaissance ».

Jodi Dean[1] a attiré l'attention sur un phénomène curieux, facilement observable, dans le « dialogue de sourds » entre la science officielle (« sérieuse », académique et institutionnelle) et le vaste domaine des soi-disant pseudo-sciences, de la science des OVNI aux déchiffreurs des secrets des pyramides : on ne peut pas ne pas être frappé par le fait que ce sont précisément les scientifiques officiels qui procèdent de la manière la plus dogmatiquement infamante alors que les pseudo-scientifiques semblent s'appuyer sur des faits et des arguments sans parti pris. Bien sûr, on dira que les scientifiques parlent sous l'autorité du grand Autre de l'institution scientifique ; mais le problème est précisément que ce grand Autre de la Science se révèle de plus en plus être une fiction symbolique consensuelle. Face aux théories du complot nous devrions ainsi nous comporter exactement comme avec la lecture du *Tour d'écrou* de Henry James : il ne faudrait ni accepter l'existence des fantômes dans la réalité (du récit) ni les réduire, à la manière pseudo-freudienne, à la « projection » hystérique des frustrations sexuelles de l'héroïne. Les théories du

1. Sur laquelle je m'appuie largement ici : voir Jodi Dean, *Aliens in America. Conspiracy Cultures from Outerspace to Cyberspace*, Ithaca and London, Cornell University Press, 1998.

complot ne doivent certes pas être reçues comme des « faits », mais il ne faudrait toutefois pas les réduire trop vite à des phénomènes d'hystérie de masse modernes. Une telle façon de répondre à la question présuppose encore l'idée d'un « grand Autre », le modèle d'une perception « normale » de la réalité partagée dans la société ; ainsi elle ne prend pas en compte la manière dont c'est précisément cette notion même de réalité qui est sapée aujourd'hui. Le problème n'est pas que les spécialistes des OVNI et que les théoriciens du complot régressent vers une position paranoïaque incapable d'accepter la réalité (sociale) ; il est que c'est cette réalité elle-même qui est en train de devenir paranoïaque. L'expérience du temps présent nous confronte de plus en plus à des situations dans lesquelles nous sommes contraints de prendre en compte la manière par laquelle notre sens de la réalité, et l'attitude normale à adopter face à elle, se fondent sur une fiction symbolique. Nous faisons de plus en plus l'expérience de la manière dont le « grand Autre » qui détermine ce qui peut être conçu comme normal et accepté comme vérité, l'horizon du sens d'une société donnée, n'est en aucune manière directement fondé sur les « faits » établis par le « savoir du réel » scientifique.

Prenons par exemple une société traditionnelle où le fonctionnement de la science moderne n'a pas encore été élevé au rang de discours du Maître : si, au sein de l'espace symbolique qui la régit, un individu se met à défendre les propositions de la science moderne, il passera certainement pour un « fou » – et il ne suffit pas de dire qu'il n'est pas « fou » du tout, qu'il n'est que la victime d'une société ignorante qui le met à cette place car, d'une certaine manière, être à la place du fou et être exclu du grand Autre social *équivaut* dans les faits à être fou. La « folie » ne désigne pas ce qui peut être fondé par une référence directe aux « faits » (au sens où le fou serait incapable de percevoir les choses telles qu'elles sont puisqu'il est prisonnier de ses projections hallucinatoires), mais seulement par la manière dont un individu se rattache au « grand Autre ». Lacan a souvent souligné l'autre dimension de ce paradoxe: « un fou, ce n'est pas seulement un mendiant qui se prend pour le Roi, c'est aussi un roi qui se prend pour le Roi ». La folie désigne l'effondrement de la distance entre le Symbolique et le Réel, une identification non médiatisée avec le mandat symbolique; ou, pour reprendre un autre exemple du même Lacan: lorsqu'un mari est pathologiquement jaloux, obsédé par l'idée que sa femme le trompe, son obsession n'en reste pas moins pathologique quand bien même il serait prouvé qu'il a raison et que sa femme, effectivement, le trompe avec d'autres hommes. La leçon de tels paradoxes est claire: la jalousie pathologique n'a aucun rapport avec le fait que les faits ne sont pas avérés mais avec la manière dont ces faits s'intègrent dans l'économie libidinale du sujet. Il faut cependant ajouter que ce même paradoxe doit pouvoir être renversé: la société (et son champ sociosymbolique, le grand Autre) est « saine » et « normale » quand bien même il serait prouvé qu'elle a tort dans les faits. (Peut-être était-ce en ce sens que le dernier Lacan se considérait lui-même comme un « psychotique »: il était effectivement psychotique dans la mesure où il n'était pas possible d'intégrer son discours dans le champ du grand Autre.)

On est ainsi tenté de dire, sur le mode kantien, que l'erreur de la théorie du complot est en quelque sorte équivalente au « paralogisme de la raison pure », à la confusion entre deux niveaux: la suspicion (à l'égard du bon sens scientifique, social) comme proposition formelle méthodologique, et la positivation de cette suspicion dans une nouvelle parathéorie globalisante.

L'écran du Réel

D'un autre point de vue, la Matrice est aussi ce qui fonctionne comme l'« écran » qui nous sépare du Réel, qui rend supportable ce « désert du réel ». Ici, il ne faut cependant pas oublier l'ambiguïté radicale du concept lacanien de Réel: le réel n'est pas le référent dernier domestiqué par l'écran du fantasme: le réel, c'est aussi et d'abord l'écran lui-même en tant qu'obstacle qui a toujours-déjà déformé notre perception du référent, de la réalité qui nous entoure. En termes philosophiques, on dira que c'est en cela que réside la différence entre Kant et Hegel : pour Kant, le Réel est le domaine nouménal que nous percevons « schématisé » à travers l'écran des catégories transcendantales ; pour Hegel, en revanche, comme il le montre exemplairement dans l'*Introduction à la phénoménologie*, cette proposition kantienne est insuffisante et erronée. Hegel introduit ici TROIS termes : lorsqu'un écran s'interpose entre nous et le Réel, cette interposition génère toujours une notion qui est l'En-soi, en deçà de l'écran (des apparences), de telle sorte que l'espace vide laissé entre l'apparence et l'En-soi est déjà-toujours « pour nous ». En conséquence, si l'on soustrait à la Chose la déformation imposée par l'écran, c'est la Chose elle-même que nous perdons (en termes religieux, la mort du Christ représente la mort de Dieu lui-même et pas seulement celle de son incarnation humaine). C'est la raison pour laquelle pour Lacan, qui suit ici Hegel, la Chose en elle-même est en définitive le regard et non l'objet perçu. Donc, pour revenir à *Matrix*, la Matrice elle-même est le Réel qui déforme notre perception de la réalité.

Un détour par une analyse exemplaire de Lévi-Strauss, dans son *Anthropologie structurale*, à propos de la disposition spatiale des lieux d'habitation chez les Winnebago, une tribu des Grands Lacs, pourrait ici nous être d'un secours précieux. La tribu est divisée en deux sous-groupes (« moitiés »), « ceux qui viennent d'en haut » et « ceux qui viennent d'en bas »; lorsqu'on demande à quelqu'un de dessiner sur un bout de papier ou sur le sable un plan de son village (la disposition spatiale des maisons), on obtient des réponses assez différentes suivant l'appartenance de la personne à l'un ou l'autre sous-groupe. Tous perçoivent le village comme un cercle; mais pour l'un des sous-groupes, il y a à l'intérieur de ce cercle un autre cercle de maisons centrales, ce qui donne en fait deux cercles concentriques; pour l'autre sous-groupe, le cercle est divisé en deux par une ligne de démarcation claire. Pour le dire d'une autre manière, un membre du premier sous-groupe (que l'on appellera « conservateur corporatiste ») perçoit le plan du village comme un anneau de maisons plus ou moins symétriquement disposées autour d'un temple central alors qu'un membre du second sous-groupe (qu'on dira « antagoniste révolutionnaire ») perçoit son village comme deux amas distincts de maisons séparés par une frontière invisible…[2] L'idée centrale de Lévi-Strauss est que cet exemple ne devrait pas nous inciter au relativisme culturel selon lequel notre perception de l'espace social dépendrait de l'appartenance de l'observateur à tel ou tel groupe: le clivage même en deux perceptions « relatives » accrédite l'idée d'une référence cachée à une constante, qui ne serait pas la disposition des

2. Claude Lévi-Strauss, *Anthropologie Structurale*, Paris, Plon, 1958.

bâtiments objective, « réelle », mais un noyau traumatique, un antagonisme fondamental que les habitants du village sont incapables de symboliser, d'expliquer, d'« intérioriser » afin d'établir un rapport, un déséquilibre dans les relations sociales qui empêche la communauté de se stabiliser en un tout harmonieux. Les deux perceptions du plan sont simplement trop exclusives l'une de l'autre pour arriver à affronter cet antagonisme traumatique, pour que cette société panse sa blessure *en* s'imposant une structure symbolique équilibrée. Il faut ajouter que les choses ne sont pas différentes pour ce qui est du respect pour la différence sexuelle : le « masculin » et le « féminin » ne fonctionnent-ils pas comme les deux configurations des maisons dans le village de Lévi-Strauss ? Et il suffit, pour dissiper l'illusion qui voudrait que notre univers « développé » ne soit pas dominé par la même logique, de rappeler la division droite-gauche de notre espace politique : un homme de gauche et un homme de droite se comportent exactement de la même manière que les membres des deux sous-groupes opposés du village lévi-straussien. Ils n'occupent pas seulement des places différentes à l'intérieur de l'espace politique ; chacun d'eux perçoit différemment la disposition même de l'espace politique – un homme de gauche comme le champ clivé par un antagonisme fondamental, un homme de droite comme l'unité organique d'une Communauté uniquement dérangée par des intrus étrangers.

Lévi-Strauss va même plus loin en développant cette idée centrale: puisque les deux sous-groupes ne font pas un et ne constituent pas, à proprement parler, la même tribu, ne vivent pas dans le même village, cette identité doit bien être inscrite symboliquement d'une autre façon. Mais comment, si l'entière articulation symbolique, toutes les institutions sociales de la tribu ne sont pas neutres mais surdéterminées par le clivage antagoniste fondamental et constitutif? Par ce que Lévi-Strauss nomme ingénument l'« institution zéro », une sorte de contrepartie institutionnelle au fameux *mana*, le signifiant vide sans signification déterminée si ce n'est la signification de la présence de la signification en tant qu'elle s'oppose à son absence: une institution spécifique qui n'a aucune fonction positive et déterminée – sa seule fonction, purement négative, étant de signaler la présence et l'actualité de l'institution sociale en tant que telle, par opposition à son absence, au chaos pré-social. C'est la référence à une telle institution zéro qui permet à tous les membres de la tribu de se percevoir en tant que tels, de ressentir leur appartenance à la même tribu. Cette institution zéro ne représente-t-elle pas alors l'idéologie dans toute sa pureté, c'est-à-dire l'incarnation directe de la fonction idéologique qui consiste à procurer un espace neutre englobant dans lequel l'antagonisme social est effacé et où tous les membres de la société peuvent se reconnaître? Et la lutte pour l'hégémonie n'est-elle pas précisément la lutte pour la manière dont cette institution zéro va être surdéterminée, colorée par les significations particulières? Prenons un exemple concret: la notion moderne de nation, devant sa naissance à la dissolution des liens sociaux fondés à partir des matrices symboliques traditionnelles ou familiales, ne représente-t-elle pas une telle institution zéro? Ainsi, avec l'attaque de la modernisation, les institutions sociales ont été de moins en moins fondées dans une tradition naturalisée et de plus en plus ressenties comme prenant la forme du « contrat »[3]. Le fait que l'identité nationale soit ressentie, *a minima*, comme quelque chose de « naturel », comme une appartenance fondée sur « le sol et le sang » s'opposant ainsi à une appartenance « artificielle » aux institutions sociales authentiques (état, profession), est ici d'une très grande importance: puisque les institutions prémodernes fonctionnaient comme des entités symboliques « naturalisées » (c'est-à-dire des institutions fondées sur une tradition n'ayant pas à être remise en question) alors que les institutions du moment étaient vues comme des artefacts sociaux, le besoin se faisait sentir d'une institution zéro « naturalisée » qui pourrait leur servir de fonds commun neutre.

3. Voir Rastko Mocnik, « Das 'Subjekt, dem unterstellt wird zu glauben' und die Nation als eine Null-Institution » dans *Denk-Prozesse nach Althusser*, H. Boke, Hambourg, Argument Verlag, 1994.

Si l'on en revient à la différence sexuelle, je suis tenté de risquer l'hypothèse que c'est cette même logique de l'institution zéro qui devrait, peut-être, être appliquée non seulement à l'unité d'une société mais aussi à son clivage antagoniste : et si la différence sexuelle était finalement une sorte d'institution zéro du clivage social de l'humanité, la différence zéro minimale naturalisée, un clivage qui, avant de signaler quelque différence sociale déterminée que ce soit, signalait la différence en tant que telle ? La lutte pour l'hégémonie est alors, une nouvelle fois, une lutte pour la manière dont cette différence zéro sera surdéterminée par les autres différences sociales particulières. C'est dans ce contexte qu'il faut lire l'avancée importante, quoique souvent signalée, du schéma lacanien du signifiant : Lacan y remplace le schéma classique de Saussure (au-dessus de la barre, le mot « arbre », et au-dessous, un arbre dessiné) par un schéma où au-dessus de la barre les deux mots HOMMES/DAMES sont mis à côté, et au-dessous figure le dessin de deux portes identiques. Afin d'insister sur le caractère différentiel du signifiant, Lacan remplace d'abord le schéma unique du couple signifiant par une opposition homme/femme, par la différence sexuelle ; mais la vraie surprise réside dans le fait que, au niveau du référent imaginaire, IL N'Y A PAS DE DIFFÉRENCE (on n'obtient pas d'indication graphique de la différence sexuelle, le dessin simplifié d'un homme et d'une femme comme c'est aujourd'hui le cas dans la plupart des toilettes, mais la MÊME porte reproduite deux fois). Il est possible d'affirmer plus clairement que la différence sexuelle ne désigne pas une opposition biologique fondée sur des propriétés « réelles » mais une pure opposition symbolique à laquelle rien ne correspond dans les objets désignés – rien, si ce n'est le Réel d'un X non défini qui ne peut jamais être pris par l'image du signifié.

Pour revenir à l'exemple de Lévi-Strauss des deux dessins différents du même village : c'est ici que l'on peut mieux préciser le sens dans lequel le Réel intervient par l'anamorphose. Tout d'abord, il y a la disposition « réelle », « objective » des maisons, puis les deux symbolisations différentes qui toutes deux déforment d'une façon anamorphique la disposition concrète. Néanmoins, le « réel » n'est pas ici la disposition positive ou concrète mais le cœur traumatique de l'antagonisme social déformant la perception de l'antagonisme concret pour les membres de la tribu. Le Réel, c'est ainsi l'X désavoué en raison de quoi notre vision de la réalité est déformée de façon anamorphique. (On notera en passant que ce dispositif à trois niveaux est absolument équivalent au dispositif à trois niveaux de l'interprétation des rêves de Freud : le noyau réel du rêve n'est pas le contenu de pensée latent du rêve, déplacé/traduit dans le tissu explicite du rêve, mais le désir inconscient qui s'inscrit lui-même par la transformation même de la pensée latente en tissu explicite.)

Il en va de même sur la scène de l'art aujourd'hui : dans l'art, le Réel NE fait PAS essentiellement retour sous la forme de l'intrusion brutale et choquante des objets excrémentiels, des corps mutilés, de la merde, etc. Ces objets ne sont pas, bien sûr, tout à fait à leur place : mais pour qu'ils puissent ne pas être à leur place, c'est bien qu'un lieu (vide) doit être déjà là. Ce lieu nous a été donné par l'art « minimaliste », commençant avec Malevitch. En cela se dessine la complicité entre les deux icônes opposées du grand modernisme, le « Carré noir sur fond blanc » de Kazimir Malevitch et la production d'objets ready-made élevés au rang d'œuvres d'art par Marcel Duchamp. L'idée d'élever un objet commun à la dignité d'œuvre d'art, à la base du projet de Malevitch, consiste à déclarer qu'une œuvre d'art n'est pas faite des propriétés naturelles de tel objet ; c'est l'artiste lui-même qui, en choisissant l'objet (ou, plutôt, n'importe quel objet) et en le mettant à une certaine place, fait l'œuvre d'art – la question de savoir si telle œuvre est une œuvre d'art n'est pas une question de « pourquoi » mais une question de lieu : « où ». Et ce qu'effectue la disposition minimaliste de Malevitch, c'est de rendre – d'isoler – ce lieu en tant que tel, lieu (ou cadre) vide qui a la propriété proto-magique de transformer chaque objet amené dans cet agencement à la dignité d'œuvre d'art. Pour le dire en un mot, il n'y a pas de Duchamp sans Malevitch : on ne peut s'engager dans un processus de ready-made que dans le temps second où la pratique artistique a isolé le cadre (ou le lieu) en tant que tel et l'a vidé de tout contenu. Avant Malevitch, un urinoir serait resté un urinoir, même exposé dans le musée le plus distingué.

L'apparition des objets excrémentiels qui ne sont pas à leur place est ainsi à mettre en rapport direct avec l'apparition du lieu vidé de tout objet, du cadre vide en tant que tel. En conséquence, le Réel dans l'art contemporain comporte trois dimensions qui répètent, d'une certaine manière à l'intérieur du Réel la triade Imaginaire-Symbolique-Réel. Le Réel se présente tout d'abord comme la tache anamorphique, la déformation anamorphique de l'image directe de la réalité : comme une image déformée, un pur semblant qui « subjective » la réalité objective. Ensuite le Réel se pense comme le lieu vide, une structure, une construction qui n'a jamais lieu, dont on ne peut pas faire l'expérience en tant que telle, et qui ne peut qu'être rétroactivement construite et doit être présupposée ainsi : c'est le Réel en tant que construction symbolique. Enfin, le Réel, c'est l'Objet excrémentiel obscène qui n'est pas à sa place, le Réel « lui-même ». Ce dernier Réel, isolé, fonctionne comme pur fétiche dont la présence fascinante et captivante masque le Réel « structurel », de la même façon que dans l'antisémitisme nazi, le Juif en tant qu'Objet excrémentiel est le Réel qui a pour fonction de masquer le Réel « structurel » de l'antagonisme social.

Ces trois dimensions du Réel découlent des trois modes d'acquisition de la distance à l'égard de la réalité « ordinaire »: on soumet cette réalité à la déformation anamorphique; on introduit un objet qui n'a rien à y faire; on soustrait ou efface tout contenu (les objets) de la réalité, de telle façon qu'il ne reste plus que le lieu vide lui-même que ces objets remplissaient.

La « Freudian Touch »

Ce que l'on repère le plus directement comme faux dans *Matrix*, c'est peut-être la désignation de Néo comme « Élu » *. Qui est l'Élu? Une telle place existe effectivement dans le lien social. Il y a, tout d'abord, l'Un du Signifiant-Maître, l'autorité symbolique. Même dans la vie sociale sous ses formes les plus horribles, les souvenirs des survivants des camps de concentration font état d'un « Élu », un individu qui n'a pas craqué, qui, dans les conditions insupportables réduisant les *alter ego* à

* *NdT*: On traduit alternativement « the One » par l'« Élu » et par l'« Un »; par l'« Élu » pour respecter la traduction adoptée dans la version française de *Matrix*, et par l'« Un » pour respecter le commentaire philosophique de Zizek, *via* Lacan.

la lutte pour la survie nue, a maintenu et irradié miraculeusement une générosité et une dignité « irrationnelles »: en termes lacaniens, on dira que nous avons affaire ici à la fonction du *Y'a de l'Un.* On constate ainsi dans les camps la présence d'un « Un », servant de support minimum à la solidarité, solidarité qui définit le lien social en tant qu'il s'oppose à la simple collaboration dans le cadre d'une pure stratégie de survie. Deux traits ici sont importants: tout d'abord, cet individu était toujours perçu comme unique (il n'y en avait jamais plusieurs, comme si, obéissant à une obscure nécessité, cet excès du miracle de la solidarité, inexplicable dans ces conditions, ne pouvait s'incarner que dans Un seul); ensuite, ce n'était pas tant l'action effective de l'Un en faveur des autres qui comptait, que sa présence même parmi eux (ce qui permettait la survie d'autrui était cette conscience que, même réduit la plupart du temps à l'existence de machine de survie, l'Un maintenait la dignité humaine). De la même manière qu'il existe un rire préenregistré, nous avons ici une sorte de dignité préenregistrée où l'Autre (l'Un) conserve ma dignité à ma place ou, plus précisément, où je conserve ma dignité *en* l'Autre: j'ai beau être réduit à une lutte cruelle pour la survie, la conscience même qu'il y en ait Un qui conserve sa dignité ME permet de maintenir un lien minimal à l'humanité. Souvent, lorsque cet Un craquait ou était discrédité, les autres prisonniers perdaient leur volonté de survie et se transformaient en véritables morts-vivants : paradoxalement, leur engagement à lutter pour la simple survie était soutenu par son exception, par le fait qu'il en existait Un qui n'était pas ramené à ce niveau, de telle sorte que lorsque cette exception disparaissait, la lutte pour la survie elle-même perdait de sa force. Ce qui signifie bien sûr que cet Un n'était pas exclusivement défini par ses qualités « réelles » (et en ce sens il est certain que beaucoup de prisonniers agissaient comme Lui, peut-être aussi ne craquait-il pas vraiment, faisant semblant, jouant des circonstances) : mais son rôle exceptionnel consistait en définitive, plutôt, à incarner le support du transfert, c'est-à-dire à occuper la place construite (supposée) par les autres.

Dans *Matrix*, en revanche, l'Un-Élu est celui qui est capable de voir que notre réalité quotidienne n'est qu'un univers virtuel codé, n'est pas réel, et capable donc de se « débrancher », de manipuler et de suspendre les règles de la Matrice (voler dans les airs, arrêter les balles...). L'importance majeure de la fonction de CET Un est la façon dont il virtualise la réalité : la réalité est une construction artificielle dont les règles peuvent être suspendues ou au moins réécrites. Là est l'idée proprement paranoïaque du film, que l'Élu puisse suspendre la résistance du Réel (« Je peux traverser ce mur épais si je le veux vraiment... »), ce qui revient à accréditer l'idée que l'impossibilité de la plupart d'entre nous à se conduire ainsi est due à une faiblesse de notre volonté. Toutefois, c'est là une fois encore que le film ne va pas assez loin : dans la fameuse scène où Néo attend l'oracle qui va lui dire s'il est ou non l'Élu, un enfant qui s'entraîne à tordre une petite cuillère par la simple pensée confie à un Néo incrédule que la seule manière de réaliser un tel exploit ne passe pas par la volonté de tordre la petite cuillère, mais par la conviction que LA PETITE CUILLÈRE N'EXISTE PAS… Et MOI-MÊME, qu'en est-il ? Le pas de plus n'aurait-il pas été d'accepter la proposition bouddhique : c'est bien MOI, en dernier ressort, le sujet, qui n'existe pas ?

Car il faut distinguer, pour mieux préciser ce qui est tendancieux dans *Matrix*, la simple impossibilité technologique de la fausseté fantasmatique : le voyage dans le temps est (probablement) impossible mais les scénarios fantasmatiques le mettant en scène sont pourtant « vrais », au sens où ils rendent compte d'impasses libidinales. Il s'en suit que le problème de *Matrix* ne réside pas dans la naïveté scientifique de ses effets : puisque tout ce dont nous avons besoin, c'est d'un espace vide ou d'un trou par lequel s'échapper, l'idée de passer de la réalité « réelle » à la réalité virtuelle par voie téléphonique fait sens. (Mais peut-être que les toilettes auraient été une meilleure solution : le lieu où les excréments disparaissent, après avoir tiré la chasse, n'est-il pas effectivement une des meilleures métaphores de l'au-delà primordial, horrifique et sublime, du chaos pré-ontologique où toute chose disparaît ? Quand bien même, rationnellement, nous savons où vont les excréments, le mystère imaginaire demeure – la merde reste un excès qui ne trouve pas sa place dans notre réalité quotidienne ; Lacan avait bien raison de dire que le passage de l'animal à l'homme était ce moment où l'animal stupéfait ne sait que faire de ses excréments, ce moment où ils deviennent problématiquement excessifs. Le Réel, ce n'est donc pas essentiellement la chose horrible et dégoûtante faisant retour du naufrage dans les toilettes, mais plutôt le trou lui-même, cet espace vide qui sert de passage à un ordre ontologique différent : le trou ou la torsion topologique qui « tord » l'espace de notre réalité, si bien que nous percevons ou imaginons les excréments disparaissant dans une dimension alternative, ne faisant pas partie de notre réalité quotidienne.) Le problème qui se fait jour explicitement est celui d'une inconsistance fantasmatique plus radicale lorsque Morpheus (le chef américain d'origine africaine de la résistance qui est persuadé que Néo est l'Élu) essaie d'expliquer à un Néo encore perplexe ce qu'est la Matrice – il en fait en ce sens l'équivalent d'un échec dans la structure de l'univers :

« C'est un sentiment que tu as ressenti toute ta vie. Tu sais que le monde ne tourne pas rond sans comprendre pourquoi. Mais tu le sais, comme un implant dans ton esprit, qui te rend malade. (…) La Matrice est universelle, elle est omniprésente, elle est avec nous, ici, à ce moment même (…). Elle est le monde qu'on superpose à ton regard pour t'empêcher de voir la vérité. Néo: Quelle vérité? Morpheus: Le fait que tu es un esclave Néo. Comme tous les autres, tu es né enchaîné… le monde est une prison où il n'y a ni espoir ni saveur ni odeur, une prison pour ton esprit. »

C'est ici que le film rencontre son inconséquence dernière: l'expérience du manque, de l'inconsistance et de l'obstacle est censée porter témoignage du fait que l'expérience que nous faisons de la réalité est un leurre – toutefois, vers la fin du film, Smith, l'agent de la Matrice, nous donne une explication différente, et bien plus freudienne:

« Saviez-vous que la première Matrice était censée produire un monde idéal où personne n'aurait souffert, le bonheur parfait pour chaque être humain? Ce fut un désastre, personne n'a accepté ce programme, une catastrophe pour les récoltes d'énergie humaine. Certains croyaient à l'époque qu'il faudrait qu'on reprogramme l'algorithme du concept de monde parfait. Mais moi, je crois que, de tout temps, l'espèce humaine a défini la réalité comme un purgatoire, une souffrance. Le monde parfait n'était donc pour le cerebrum primitif qu'une forme de rêve dont on ne s'éveille qu'en mourant. Voilà pourquoi la Matrice fut remaniée dans ce sens. Le point culminant de votre civilisation. »

L'imperfection de notre monde est ainsi, dans le même temps, le signe de sa virtualité ET le signe de sa réalité. On pourrait effectivement soutenir l'idée que l'agent Smith (et n'oublions pas qu'il n'est pas un être humain comme les autres, mais une incarnation virtuelle directe de la Matrice, le grand Autre lui-même) représente la figure de l'analyste dans l'univers du film : sa leçon consiste à dire que pour nous, humains, l'expérience d'un obstacle insurmontable est la condition positive de notre perception de la réalité : en dernière analyse, la réalité, c'est ce qui résiste.

Malebranche à Hollywood

L'inconséquence suivante tient à la conception de la mort : POURQUOI meurt-on « réellement » lorsqu'on meurt dans la réalité virtuelle régulée par la Matrice ? Le film nous donne une réponse tout à fait obscurantiste : « Néo : Si on meurt dans la Matrice, on meurt ici aussi ? (c'est-à-dire non seulement dans la réalité virtuelle mais aussi dans la vie réelle) Morpheus : le corps ne peut vivre sans l'esprit. » La logique de cette solution est que votre « vrai » corps ne peut rester en vie que relié à l'esprit, c'est-à-dire à l'univers mental dans lequel vous êtes immergé: donc si vous croyez être tué dans la réalité virtuelle, cette mort affecte aussi votre « vrai » corps… Évidemment, la solution inverse (vous ne mourrez vraiment que tué en vrai) est aussi courte. Le sujet est-il TOTALEMENT immergé dans la réalité virtuelle commandée par la Matrice ou sait-il, ou à tout le moins SUSPECTE-T-IL, l'état réel des choses? Si l'on répond OUI à cette question, alors un simple retour à l'état adamique d'avant la Chute nous rendrait immortel DANS LE VIRTUEL et il s'ensuit que Néo, déjà libéré de sa pleine immersion dans le virtuel, devrait SURVIVRE au combat avec l'agent Smith qui a lieu DANS LE VIRTUEL contrôlé par la Matrice (au même titre qu'il est capable d'arrêter les balles, il devrait être en mesure de déréaliser les coups qui affectent son corps). Cela nous ramène à l'occasionnalisme de Malebranche: bien plus que le Dieu de Berkeley soutenant le monde en esprit, la Matrice SUPRÊME est le Dieu occasionnaliste de Malebranche.

Malebranche est, sans aucun doute, le philosophe qui a produit le meilleur appareil conceptuel pour penser la réalité virtuelle. Disciple de Descartes, il abandonna la référence ridicule à la glande pinéale pour expliquer le lien entre la substance matérielle et la substance spirituelle, le corps et l'âme; comment expliquer alors leur lien, s'il n'y a plus de point de contact entre les deux, plus aucun point sur lequel une âme peut agir causalement sur un corps et vice versa? Puisque les deux réseaux de causalité (celui des idées de mon esprit et celui des interconnexions de mon corps) sont totalement indépendants, la seule solution est qu'une tierce et vraie substance (Dieu) coordonne et médiatise sans cesse les deux réseaux en garantissant un semblant de continuité: lorsque je décide de lever la main et que ma main effectivement se lève, ma pensée est certes la cause de son mouvement, mais pas sa cause directe, c'est une cause « occasionnelle »: Dieu, ayant bien noté la volonté de ma pensée de lever la main, met en mouvement l'autre chaîne causale, matérielle, qui amène ma main à effectivement se lever. Si on remplace « Dieu » par le grand Autre, l'ordre symbolique, on peut constater la proximité de l'occasionnalisme avec les positions de Lacan: comme Lacan le formule dans le passage dirigé contre Aristote dans *Télévision* *, la relation entre l'âme et le corps n'est jamais directe puisque le grand Autre s'interpose toujours entre les deux. L'occasionnalisme est ainsi fondamentalement un nom pour l'« arbitraire du signifiant », pour le vide qui sépare le réseau des idées du réseau de causalité (réel) du corps, un nom pour cette vérité selon laquelle c'est le grand Autre qui prend en charge la coordination des deux réseaux et fait ainsi que lorsque mon corps mord la pomme, mon âme fait l'expérience d'une sensation agréable. C'est ce même vide qui est

* *NdT*: voir Jacques Lacan, *Télévision*, Le Seuil, Paris, 1973.

visé par l'ancien prêtre aztèque organisant des sacrifices humains pour assurer le retour du soleil : le sacrifice humain est ici une prière faite à Dieu pour qu'il permette la coordination entre les deux séries, celle de la nécessité du corps et celle de la concaténation des événements symboliques. Aussi « irrationnel » que puisse paraître le sacrifice du prêtre aztèque, l'idée sous-jacente est bien plus pénétrante que l'intuition contemporaine commune qui voudrait que la coordination entre le corps et l'âme soit directe, à savoir qu'il serait « naturel », pour moi, de ressentir une sensation agréable en croquant une pomme puisque cette sensation serait directement causée par la pomme : ce qui est perdu ici, c'est le rôle d'intermédiaire du grand Autre qui garantit la coordination entre la réalité et l'expérience mentale que nous en faisons. N'en va-t-il pas de même pour l'immersion dans la réalité virtuelle ? Lorsque je lève la main pour déplacer un objet dans l'espace virtuel, cet objet est effectivement déplacé : mais mon illusion, bien sûr, est de croire que c'est le mouvement de ma main qui est la cause directe du mouvement de l'objet ; en fait, j'oublie le mécanisme d'intrication de la coordination par ordinateur, qui tient la place du Dieu dans l'occasionnalisme, garantissant la coordination entre les deux séries [5].

5. L'œuvre majeure de Nicolas Malebranche est *Recherches de la vérité* (1674-75), Vrin, Paris, 1975.

Dans la plupart des ascenseurs, c'est bien connu, le bouton de fermeture de la porte est un pur placebo, absolument inefficace. Il n'est là que pour donner aux individus l'impression qu'ils participent ou contribuent d'une certaine manière à la vitesse du parcours de l'ascenseur : lorsqu'on appuie sur ce bouton, la porte se ferme exactement à la même vitesse que si on avait seulement appuyé sur le numéro d'étage, sans « accélérer » le processus en appuyant aussi sur le bouton de fermeture de la porte. Ce cas extrême et limpide de fausse participation est une métaphore appropriée de la participation des individus à notre processus politique « postmoderne ». C'est du pur occasionnalisme : si l'on suit Malebranche, nous appuyons continuellement sur de tels boutons et c'est l'activité incessante de Dieu qui les coordonne aux événements qui en découlent (la fermeture de la porte), alors que nous pensons que l'événement est le résultat de notre action sur le bouton…

C'est la raison pour laquelle il est important théoriquement de ne pas lever l'ambiguïté radicale du cyberespace : en tant qu'il affectera nos vies, ce changement ne dépendra pas de la technologie proprement dite mais du mode de son inscription sociale. L'immersion dans le cyberespace pourra intensifier nos expériences sensorielles (une nouvelle sensualité, un nouveau corps et plus d'organes, de nouveaux sexes…), mais c'est aussi la porte ouverte à la possibilité, pour celui qui manipule la machine gouvernant le cyberespace, de voler littéralement notre propre corps (virtuel), nous privant de sa maîtrise, de telle manière qu'on ne sera plus relié à son corps comme étant le « sien propre ». Ce que nous rencontrons ici, c'est l'ambiguïté constitutive de la notion de médiatisation [6]: à l'origine, cette notion désignait le geste par lequel un sujet était dépossédé de son droit direct et immédiat à prendre des décisions; le grand maître de la médiatisation politique fut Napoléon qui laissa aux monarques vaincus l'apparence du pouvoir, alors qu'ils n'étaient plus en position de l'exercer effectivement. À un niveau plus général, on pourrait dire qu'une telle médiatisation du monarque définit la monarchie constitutionnelle: le monarque y est réduit au geste symbolique, purement formel, de « mettre les points sur les i », à la signature qui confère la force performative aux décrets dont le contenu est déterminé par le corps gouvernant élu. Cela ne vaut-il pas, *mutatis mutandis*, pour la numérisation croissante de nos vies quotidiennes où le sujet est aussi de plus en plus « médiatisé », imperceptiblement dépossédé de son pouvoir sous la forme déguisée de son augmentation? Lorsque notre corps est médiatisé (pris dans le réseau du médium électronique), il est simultanément exposé à la menace d'une radicale « prolétarisation »: le sujet se voit potentiellement réduit au pur $ puisque

6. Voir, à ce sujet, Paul Virilio, *L'Art du moteur*, Galilée, Paris, 1995.

sa propre expérience personnelle peut être volée, manipulée, régulée par l'Autre machinique. On peut voir, une nouvelle fois, que la perspective d'une virtualisation radicale confère à l'ordinateur la position strictement équivalente à celle du Dieu de l'occasionnalisme de Malebranche : puisque l'ordinateur coordonne la relation entre mon esprit et (ce que je perçois comme) le mouvement de mes membres (dans la réalité virtuelle), on peut aisément imaginer un ordinateur qui, pris d'un accès de folie furieuse, commence à se comporter comme un Dieu mauvais et perturbe la coordination entre mon esprit et ma propre expérience sensorielle : lorsque le signal de mon esprit demandant de lever ma main est suspendu ou même contredit dans la réalité (virtuelle), c'est l'expérience la plus fondamentale de « mon » corps qui est destituée... Il semble donc que le cyberespace réalise dans les faits le fantasme paranoïaque élaboré par le président Schreber, ce juge allemand dont les mémoires ont été analysées par Freud [7] : l'« univers fou » est psychotique dans la mesure où il semble matérialiser l'hallucination de Schreber dans laquelle les rayons divins sont l'émanation directe du contrôle de Dieu exercé sur l'esprit humain. Pour le dire autrement, l'externalisation du grand Autre dans l'ordinateur ne rend-il pas compte de la dimension naturellement paranoïaque de l'univers fou ? Ou pour le dire

7. L'idée de ce rapport entre le cyberespace et l'univers psychotique de Schreber m'a été suggérée par Wendy Chun de Princeton.

encore autrement: le préjugé voudrait que dans le cyberespace la possibilité de transférer de la conscience sur un disque dur libère les utilisateurs de leurs corps – mais ne libère-t-elle pas aussi les machines de « leurs » utilisateurs…

Mettre en scène le fantasme primordial

La dernière inconséquence concerne le statut ambigu de la libération de l'humanité annoncée par Néo dans la scène finale. Le résultat de l'intervention de Néo a été de provoquer un « échec du système » dans la Matrice; au même moment, Néo le Sauveur s'adresse au peuple encore prisonnier de la Matrice pour lui annoncer qu'il lui apprendra comment se libérer lui-même des contraintes de la Matrice – les gens seront alors capables de passer outre aux lois de la physique, de tordre le métal, de voler dans les airs… Cependant, le problème est que tous ces miracles ne sont possibles que si nous restons *à l'intérieur* de la réalité virtuelle soutenue par la Matrice et nous contentons d'infléchir ou de changer ses règles: notre statut « réel » reste celui d'esclaves de la Matrice et, au train où s'annoncent les choses, nous ne gagnons qu'un simple pouvoir de plus pour changer les règles de notre prison mentale… Ainsi, que diriez-vous de sortir de la Matrice tous ensemble et de retourner à la « vraie réalité » dans laquelle nous ne sommes que de misérables créatures vivant à la surface d'une terre ravagée?

Dans une perspective adornienne, il faudrait dire que ces inconséquences sont les moments de vérité du film: elles signalent les antagonismes de notre expérience sociale au temps du capitalisme avancé, des antagonismes qui articulent des couples ontologiques élémentaires comme la réalité et la souffrance (la réalité en tant qu'elle perturbe le règne du principe de plaisir), la liberté et le système (la liberté n'est possible qu'à l'intérieur d'un système s'opposant à son propre déploiement). Cependant, la force dernière du film doit néanmoins être recherchée à un autre niveau. Il y a des années, une série de films de science-fiction comme *Zardoz* ou *Cours Logan, Cours!* prévoyait la situation postmoderne désastreuse d'aujourd'hui: celle d'un groupe isolé menant une vie aseptique et retirée du monde qui se languit de l'expérience du vrai monde de la ruine matérielle. Jusqu'à la postmodernité, l'utopie promettait la rupture d'avec le réel du temps historique et l'avènement d'une Altérité hors du temps. Avec la chevauchée postmoderne de la « fin de l'histoire » qui a rendu pleinement disponible le passé par la mémoire digitalisée, bref dans ce temps où nous VIVONS l'utopie intemporelle comme une expérience idéologique quotidienne, l'utopie devient l'attente du Réel de l'Histoire lui-même, de la mémoire, des traces du passé réel, la tentative de s'échapper d'un édifice refermé sur lui-même pour faire l'expérience de la réalité crue, de ses ruines fumantes. *Matrix* donne le dernier tour de main à ce renversement en combinant l'utopie et la dystopie: la réalité même dans laquelle nous vivons, l'utopie intemporelle mise en scène par *Matrix*, est en place. La possibilité est ouverte pour que nous soyons réduits au stade passif de piles vivantes procurant son énergie à la Matrice.

L'impact essentiel du film, dans cette perspective, réside moins dans sa thèse centrale (ce dont nous faisons l'expérience comme étant la réalité est en fait une réalité virtuelle artificielle générée par la « Matrice », le méga-ordinateur directement implanté dans nos esprits) que dans son image centrale de millions d'êtres humains menant une vie claustrophobique à l'intérieur de berceaux remplis d'eau, maintenus en vie dans l'unique but de générer l'énergie (électrique) dont a besoin la Matrice. Ainsi, lorsque certains « s'éveillent » de leur immersion dans la réalité virtuelle contrôlée par la Matrice, cet éveil ne débouche pas sur les grands espaces de la réalité externe mais tout d'abord sur l'épouvantable réalisation de cet enfermement, où chacun de nous n'est effectivement qu'un organisme fœtal baignant dans un fluide prénatal... Cette passivité absolue est le fantasme forclos qui soutient l'expérience consciente de notre activité subjective auto-fondée – c'est en ce sens un fantasme pervers, en tant qu'il promeut l'idée que nous ne sommes finalement que les instruments de la jouissance de l'Autre (de la jouissance de la Matrice), comme si la substance de la vie était pompée par des batteries d'énergie. C'est en cela que repose la vraie énigme libidinale de ce dispositif: POURQUOI la Matrice a-t-elle besoin de l'énergie humaine? La réponse purement énergétique n'a évidemment aucun sens: la Matrice aurait pu trouver aisément une autre source d'énergie, plus sûre, ne demandant pas cet aménagement extrêmement complexe que représente l'installation d'une réalité virtuelle coordonnée pour des millions d'unités humaines (notons d'ailleurs, au passage, une autre inconséquence: pourquoi la Matrice n'immerge-t-elle pas chaque individu dans son propre univers artificiel solipsiste? Pourquoi compliquer les choses en coordonnant les programmes pour que l'humanité entière habite un seul et même univers virtuel?) La seule réponse conséquente est celle-ci: la Matrice se nourrit de la jouissance humaine – et nous retournons ainsi à la thèse lacanienne fondamentale d'après laquelle c'est le grand Autre lui-même qui, loin d'être une machine anonyme, a besoin d'un influx constant de jouissance. Voilà la manière dont il nous faut retourner l'état des choses présenté par le film: ce que le film nous donne à voir comme la scène de notre éveil à notre vraie condition est, dans les faits, l'exact opposé, le fantasme primordial même qui soutient notre être.

Parler du lien intime unissant la perversion et le cyberespace est aujourd'hui un lieu commun. Selon la conception classique, le scénario pervers met en scène le « déni de la castration »: la perversion peut être comprise comme une formation de défense contre le motif « de la mort et de la sexualité », la menace de la finitude comme contre celle de l'inscription contingente de la différence sexuelle: ce que le pervers met en place est un univers dans lequel on n'est amené ni à mourir ni à choisir un des deux sexes. En tant que tel, l'univers pervers est l'univers du pur ordre symbolique, du jeu signifiant laissé à lui-même, débarrassé du Réel de la finitude humaine. Une première approche semblerait accréditer l'idée que notre expérience du cyberespace recouvre parfaitement cet univers: le cyberespace n'est-il pas aussi un univers débarrassé de l'inertie du Réel, régulé uniquement par les règles qu'il s'est à lui-même imposé? Et n'en va-t-il pas de même dans la réalité virtuelle proposée par *Matrix*? La « réalité » dans laquelle nous vivons perd son caractère inexorable, se transforme en un domaine régi par l'arbitraire, par les règles imposées par la Matrice, qui peuvent être transgressées si notre volonté est assez puissante... Pourtant, si l'on suit Lacan, ce que cette conception classique laisse de côté, c'est la relation unique entre l'Autre et la jouissance dans la perversion. Qu'est-ce à dire exactement?

Dans « Le prix du progrès », un des fragments concluant *La Dialectique de la raison*, Adorno et Horkheimer citent l'argumentation de Pierre Flourens, un physiologiste français du XIXe siècle, prenant position contre l'anesthésie médicale au chloroforme : Flourens soutient qu'il peut être prouvé que l'anesthésiant ne fonctionne que sur le réseau neuronal de la mémoire. Bref, alors que nous sommes charcutés à vif sur la table d'opération, nous ressentons pleinement la souffrance dans toute son horreur, mais au réveil, nous ne nous en souvenons plus… Pour Adorno et Horkheimer, il s'agit bien sûr de la métaphore parfaite du destin de la raison basé sur le refoulement de la nature en elle-même : son corps, la part de la nature dans le sujet, ressent pleinement la douleur, il n'en reste pas moins que, par le refoulement, le sujet ne s'en souvient pas. C'est en ceci que réside la vengeance parfaite d'une nature que nous avons asservie : inconsciemment, nous sommes victimes de nous-mêmes, nous charcutant vivants… N'est-il pas aussi possible de lire ce raisonnement comme le parfait scénario du fantasme de l'inter-passivité, de cette Autre Scène * sur laquelle nous payons le prix de notre interventionnisme dans le monde ? Il n'y a pas d'agent actif libre sans un support fantasmatique, sans cette Autre Scène sur laquelle

* *NdT* : L'« autre scène » est une des métaphores employée par Freud pour qualifier l'inconscient. Voir aussi Octave Mannoni, *Clefs pour l'imaginaire ou l'Autre Scène*, Points-Seuil, 1969.

il est totalement manipulé par l'Autre [8] *. Un sadomasochiste assume volontairement cette souffrance comme son accès à l'Être.

Peut-être est-ce dans ces parages que l'on peut s'expliquer aussi l'obsession des biographes d'Hitler pour ses relations avec sa nièce, Geli Raubal, qui fut trouvée morte dans l'appartement munichois de Hitler en 1931, comme si la prétendue perversion sexuelle de Hitler pouvait nous fournir la « variable cachée », l'intime chaînon manquant, le support fantasmatique qui rendrait compte de sa personnalité. Voici le scénario tel que le rapporte Otto Strasser: « (...) Hitler la faisait se déshabiller alors qu'il était allongé par terre. Elle devait alors s'accroupir sur son visage afin qu'il l'examine de très près, ce qui l'excitait très fortement. Lorsque l'excitation était au plus haut, ce qui lui procurait son plaisir était de lui demander de lui uriner dessus [9]. » C'est la passivité absolue du rôle d'Hitler dans ce scénario servant de support fantasmatique

8. Ce que Hegel opère est la "traversée" de ce fantasme en démontrant sa fonction qui est de remplir l'abîme pré-ontologique de la liberté, c'est-à-dire de reconstituer la Scène positive par laquelle le sujet est inséré dans un ordre nouménal positif. Pour le dire autrement, pour Hegel, l'idée de Kant est inconsistante et n'a pas de sens, puisqu'elle réintroduit secrètement la totalité divine ontologique pleinement instituée, c'est-à-dire un monde conçu UNIQUEMENT comme Substance et NON aussi comme sujet.

* *NdT*: Voir aussi pour le développement de ce problème Slavoj Žižek, *Ce reste qui n'éclôt jamais,* Point Hors Ligne, Paris, 1991.

9. Ron Rosenbaum, *Explaining Hitler,* New York, Harper, 1999, p. 134.

à sa frénésie de destruction dans son activité politique publique qui est ici fondamentale: il ne fait pas de doute que Geli ait été désespérée et dégoûtée par ces rituels.

En cela réside l'aperçu exact de *Matrix*: juxtaposer les deux faces de la perversion. D'un côté, la réduction de la réalité à un champ virtuel régulé par des règles arbitraires pouvant être suspendues; de l'autre, la vérité dissimulée de cette liberté, la réduction du sujet à une passivité absolument instrumentalisée.

Révolutions : le retour
(Notes pour une suite)

La preuve définitive du déclin qualitatif des épisodes deux et trois de la trilogie *Matrix* vient de ce que la question centrale de la perversion est totalement laissée de côté : une vraie révolution aurait consisté en un changement et une appropriation du nouage même par lequel les humains et la Matrice se lient par la jouissance. Que pensez-vous, disons, d'individus sabotant la Matrice, en lui opposant le refus de leur *jouissance* secrète... ?

Les années 1970, en Italie, ont produit une comédie érotique délicieusement vulgaire dont les prémisses fondamentales étaient que, dans un futur proche, le monde étant à court d'énergie, les scientifiques découvriraient qu'une quantité extraordinaire d'énergie était produite par le corps humain lors de l'acte sexuel, à la condition que le couple ne soit pas amoureux. On persuade ainsi l'Église, dans l'intérêt de la survie de l'humanité, d'inverser ses valeurs : l'amour est un péché, et il ne peut y avoir de relations sexuelles que si l'amour en est absent. C'est ainsi que les gens commencent à se confesser : « Je suis coupable, mon Père, j'ai péché, je suis tombé amoureux de ma femme ! » Afin de générer l'énergie nécessaire, on oblige les couples, deux fois par semaine, à faire l'amour dans de grandes salles collectives, contrôlées par un surveillant qui les réprimande: « Hé, vous, le couple de la deuxième rangée en partant de la gauche, plus vite! » L'identité avec *Matrix* ne peut que sauter aux yeux. La vérité de ces deux films est qu'aujourd'hui, au temps du capitalisme avancé, la politique est de plus en plus une politique de la *jouissance*, soucieuse des méthodes de racolage, ou de contrôle et de régulation, de la *jouissance* (avortement, mariages homosexuels, divorce...)

Matrix, le Retour * propose – ou plutôt joue avec – plusieurs voies pour surmonter les illogismes du premier épisode. Mais ce faisant, le film s'empêtre dans de NOUVELLES inconséquences qui sont cette fois-ci les siennes propres. Le caractère ouvert et indécidable de la fin du film ne l'est pas seulement par l'histoire racontée mais aussi en raison de la conception sous-jacente de l'univers proposé. Des complications et des suspicions supplémentaires rendent problématique l'idéologie de la libération, simple et limpide, étayée par la première partie. Le rituel communautaire extatique, celui des habitants de la ville souterraine de Sion,

* *NdT*: La trilogie *Matrix* comporte, comme il se doit, trois épisodes: « The Matrix » (1), qu'on traduit comme cela a été fait en France par *Matrix*, « The Matrix Reloaded » (2) (littéralement: la Matrice rechargée) qu'on traduit ici, contrairement au choix du distributeur français qui a gardé le titre original, par *Matrix, le Retour*, et enfin « Matrix Revolutions » (3) (littéralement: les révolutions de la Matrice) qu'on traduit ici tout simplement par *Révolutions*. On a donc logiquement traduit le titre anglais choisi par Zizek pour cet article « Reloaded Revolutions » par *Révolutions: le Retour*.

ne peut pas ne pas évoquer un rassemblement religieux fondamentaliste. Les doutes assaillent le spectateur quant aux deux figures prophétiques clés. Les visions de Morpheus sont-elles véritables ou n'est-il qu'un fou paranoïaque imposant impitoyablement ses hallucinations ? Néo, de la même manière, ne sait pas trop s'il doit faire confiance à l'Oracle, cette femme qui prédit le futur : n'est-elle pas en train de manipuler Néo avec ses prophéties ? Représente-t-elle le BIEN dans la Matrice, à l'inverse de l'agent Smith qui, dans le deuxième épisode, se révèle être un excès à l'intérieur de la Matrice, un virus furieusement en crise essayant de contourner son effacement en se multipliant lui-même ? Et que penser des paroles cryptées de l'Architecte de la Matrice, son programmateur, son Dieu, informant Néo qu'il vit en fait dans la sixième version de la Matrice ? Une figure du sauveur est apparue dans chacune des précédentes versions mais ses tentatives pour libérer l'humanité ont toutes débouché sur des catastrophes de grande ampleur. La rébellion de Néo, loin d'être un cas unique, ne fait-elle pas partie d'un cycle plus grand de perturbations et de réinstaurations de l'Ordre ? À la fin de *Matrix, le Retour*, le doute est donc partout : la question n'est pas seulement de savoir si toute révolution peut accomplir ce qu'elle prétend accomplir, ou bien si elle débouche nécessairement sur une orgie de destruction, mais si toute révolution n'est pas déjà prise en compte, planifiée même, par la Matrice. Ceux-là mêmes qui se sont libérés de la Matrice sont-ils encore libres de choisir quoi que ce soit? La solution passera-t-elle par le risque d'une rébellion inconditionnelle, ou bien à l'opposé, par la résignation, celle de jouer la partie locale de la « résistance », en restant à l'intérieur de la Matrice, quitte à s'y engager dans une collaboration transclasses avec les forces du « Bien »? C'est ainsi que se termine *Matrix, le Retour*: par l'échec de la « cartographie cognitive », reflétant parfaitement la triste situation de la gauche d'aujourd'hui et de son combat contre le système.

Un dernier coup de théâtre se produit à l'extrême fin du film, lorsque Néo arrête par magie, levant simplement les mains, les machines-calmars sentinelles qui attaquent les humains: comment est-il capable d'une chose pareille dans le « désert du réel » et NON à l'intérieur de la Matrice où il fait, bien sûr, des merveilles, gelant le cours du temps, défiant les lois de la gravité, etc.? Doit-on comprendre que cet illogisme inexpliqué est la solution, que « tout ce qui est, est généré par la Matrice », qu'il n'existe PAS de réalité dernière? Bien qu'une telle tentation « postmoderne » pour trouver une sortie facile aux confusions, proclamant que tout ce qui est n'est que l'infinie série des réalités virtuelles se reflétant les unes dans les autres, doive être rejetée, une idée juste se fait jour dans la complexification d'une division pure et simple entre une « réalité réelle » et l'univers généré par la Matrice : même si la lutte a lieu dans la « réalité réelle », le combat décisif doit être gagné dans la Matrice, ce qui explique pourquoi il faut (ré)entrer dans son univers fictionnel virtuel. Si la lutte devait se mener seulement dans le « désert du réel », *Matrix* n'aurait été qu'une dystopie ennuyeuse de plus, l'idée banale d'une humanité, réduite à quelques-uns, combattant les machines du mal.

Pour le dire avec les mots du bon vieux couple marxiste, *infrastructure/superstructure* : il faut prendre en compte cette dualité irréductible, les processus socio-économiques matériels et « objectifs » ayant lieu dans la réalité d'une part, aussi bien que le processus politico-idéologique proprement dit d'autre part. Et si le champ de la politique était naturellement « stérile », un vrai théâtre d'ombres, mais néanmoins décisif dans la transformation de la réalité ? Ainsi, bien que l'économie soit le vrai site et la politique un théâtre d'ombres, le combat principal doit être mené dans la politique et dans l'idéologie. Prenons la désintégration du pouvoir communiste à la fin des années quatre-vingt : bien que l'événement principal ait été la perte du pouvoir étatique par les communistes, le changement décisif est venu d'un niveau différent : dans ces moments magiques où, alors que les communistes étaient encore formellement au pouvoir, le peuple dépassa sa peur d'un seul coup et ne prit plus au sérieux la menace; ainsi, même si les « vrais » combats continuaient avec la police, chacun savait d'une certaine manière que la « partie était terminée »... Le titre *Matrix, le Retour* est donc assez juste: si la première partie était dominée par un élan, sortir de la Matrice, se libérer de son emprise, la deuxième partie rend clairement l'idée que c'est À L'INTÉRIEUR de la Matrice que la bataille doit être gagnée, qu'il faut y retourner.

Dans *Matrix, le Retour*, les frères Wachowski ont donc consciemment élevé l'enjeu, nous confrontant à la complexité et aux confusions induites par le processus de libération. De cette manière, ils se sont mis eux-mêmes dans une position difficile en s'affrontant alors à une tâche quasi-impossible. Si *Révolutions* devait réussir, le film n'aurait rien dû produire de moins que la réponse appropriée aux dilemmes de la politique révolutionnaire d'aujourd'hui, un schéma directeur de l'action politique que la gauche contemporaine attend désespérément. Il ne fait alors pas de doute que le projet ait misérablement échoué – et cet échec est un joli argument pour une analyse marxiste simple: l'échec de la narration, l'impossibilité de construire une « histoire qui tienne la route » est le signe d'un échec social bien plus fondamental.

Le premier signe de cet échec repose tout simplement sur la rupture du pacte de lecture avec le spectateur. Le principe ontologique de *Matrix* (première partie) est celui, purement et simplement, du réalisme : nous avons la « vraie réalité » et l'univers virtuel de la Matrice, lequel peut être entièrement expliqué à partir de ce qui s'est passé dans la réalité. *Révolutions* brise ces règles : dans cette troisième partie, les pouvoirs « magiques » de Néo et de Smith s'étendent à la « vraie réalité » elle-même (Néo peut y arrêter les balles etc.) Cela ne ressemble-t-il pas à un roman policier qui, après avoir construit une série d'indices complexes, proposerait la solution du meurtrier doué de capacités magiques ayant commis son crime en violant toutes les lois de notre réalité ? Le lecteur se sentirait dupé – et c'est exactement ce même sentiment que l'on ressent avec *Révolutions*, où la tonalité dominante est celle de la foi et pas du savoir.

Et pourtant, il y a aussi des inconséquences dans ce nouvel espace. Dans la scène finale du film, on s'interroge sur la rencontre du couple, l'Oracle (féminin) et l'Architecte (masculin), concluant l'affaire *à l'intérieur de la réalité virtuelle de la Matrice* : pourquoi ? Ils sont tous deux de simples programmes informatiques, l'interface virtuelle n'existe que pour le regard humain : les ordinateurs eux-mêmes ne communiquent pas par l'écran de l'imaginaire virtuel, ils échangent directement leurs bits digitaux... Pour quel regard est donc mis en scène cet épisode ? Ici, le film

« triche » et c'est une logique imaginaire qui prend la relève.

Le troisième échec est plus en rapport avec l'histoire et concerne la simplicité (l'indigence) de la solution proposée. Les choses ne sont pas vraiment éclaircies et la solution de la fin relève bien plus du nœud gordien proverbial. Et ceci est particulièrement déplorable au regard des nombreux assombrissements avancés dans *Matrix, le Retour* (Morpheus devenant un dangereux paranoïaque, la corruption de l'élite au pouvoir dans la ville de Sion) laissées complètement inexplorées dans *Révolutions*. Le seul nouvel aspect intéressant de *Révolutions* – l'attention portée à un intermonde, ni la Matrice, ni la réalité – est de même sous exploité.

La caractéristique clé de la série entière *Matrix* est le besoin progressif d'élever Smith au statut de héros principal négatif jusqu'à ce qu'il menace son propre univers comme une sorte de négatif de Néo. Qui est Smith, en fait? Une sorte d'allégorie des forces fascistes: un mauvais programme devenu fou qui s'est autonomisé et qui menace la Matrice. Ainsi la leçon du film est, au mieux, celle d'un combat antifasciste: les voyous fascistes forcenés produits par le Capital pour contrôler les travailleurs (par la Matrice pour contrôler les humains) échappent au contrôle et la Matrice doit s'assurer du concours des humains pour les écraser, de la même façon que le capital libéral a dû s'assurer de l'aide des communistes, ses ennemis mortels, pour vaincre le fascisme… (Peut-être que dans une perspective contemporaine un modèle plus approprié aurait été d'imaginer Israël, sur le point de détruire Arafat et l'OLP, établissant une trêve avec eux, à la condition que l'OLP détruise un Hamas complètement autonomisé…) Quoi qu'il en soit, *Révolutions* colore cette logique antifasciste avec des éléments potentiellement fascistes : bien que l'Oracle (féminin) et l'Architecte (masculin) soient tous deux de simples programmes, leur différence est sexualisée de telle manière que la fin du film s'inscrit dans une logique de l'équilibre entre le « principe » masculin et le « principe » féminin.

Lorsqu'à la fin de *Matrix, le Retour* un miracle se produit dans la réalité elle-même, seules existent deux voies de sortie possibles : soit un gnosticisme postmoderne, soit le christianisme. Ce qui veut dire que soit nous devrions apprendre, dans la troisième partie, que la « réalité réelle » elle-même n'est qu'un spectacle de plus généré par la Matrice, qu'il n'y a en somme pas de réalité « réelle » dernière ici-bas, soit que nous entrons dans le domaine de la magie divine. Néo se transforme-t-il vraiment, dans *Révolutions*, en figure christique ? On pourrait le penser : à l'extrême fin de son duel avec Smith, il se transforme en un nouveau Smith si bien que lorsqu'il meurt, Smith (tous les Smith) est (sont) détruit(s). Mais une lecture plus attentive rend visible une différence de taille : Smith est une figure proto-juive, un intrus obscène qui se propage comme la peste, qui devient fou et dérange l'harmonie des humains et des machines de la Matrice; sa destruction permet une trêve de classe (temporaire). Mais ce qui meurt avec Néo, c'est l'intrus juif qui apporte le conflit et le déséquilibre; dans le Christ, en revanche, c'est Dieu lui-même qui devient homme et *avec la mort du Christ, de cet homme (ecce homo), c'est le Dieu (de l'au-delà) lui-même qui meurt également.* La vraie version « christologique » de la trilogie *Matrix* aurait donc nécessité un scénario radicalement différent: Néo aurait dû être un programme de la Matrice rendu humain, une incarnation humaine directe de la Matrice, de telle manière qu'en mourant, c'était la Matrice elle-même qui était détruite.

Le ridicule du pacte final est frappant: l'Architecte doit promettre à l'Oracle non seulement que les machines ne combattront plus les hommes à l'extérieur de la Matrice mais aussi que les humains qui voudront être libérés de la Matrice le pourront: comment va-t-on leur donner le choix? Ainsi, à la fin, rien n'est vraiment résolu: la Matrice continue à exploiter les humains sans aucune certitude quant au fait qu'un autre Smith n'apparaîtra pas; la majorité des humains restera en esclavage. Ce qui mène à une telle impasse c'est que, dans un court-circuit idéologique typique, la Matrice fonctionne en fait comme une double allégorie: du Capital (les machines pompant notre énergie), et de l'Autre, de l'ordre symbolique en tant que tel.

Pourtant – et ce serait la seule manière de rédimer (partiellement au moins) *Révolutions* – l'échec même concluant la série *Matrix* comporte-t-il, peut-être, un message porteur de sens : les lendemains, aujourd'hui, ne chantent pas, le Capital n'est pas près d'être dépassé, tout ce que nous pouvons espérer est une trêve temporaire. Ce qui veut dire que cela eût été, sans aucun doute, pire si cette impasse avait été celle d'une célébration pseudo deleuzienne de la révolte réussie de la multitude.

Mourra-t-elle un jour?
(Une note sur l'œuvre de Leni Riefenstahl)

L'œuvre de Leni Riefenstahl, en marche vers sa trouble conclusion, semble se prêter d'elle-même à une lecture téléologique. Débutant avec les *Bergfilme*, qui célèbrent l'héroïsme et l'effort du corps dans les conditions extrêmes de l'alpinisme, elle se poursuit avec deux documentaires « nazis » magnifiant la discipline politique et sportive du corps, la concentration et la force de la volonté. Puis, après la Seconde Guerre mondiale, elle redécouvre dans ses albums de photographie son idéal de beauté naturelle et de maîtrise gracieuse chez la tribu africaine des Nubi. Enfin, dans ces dix dernières années, elle apprend l'art difficile de la plongée sous-marine et commence à tourner des documentaires sur l'étrangeté de la vie dans les obscures profondeurs de la mer.

Il semblerait donc que nous ayons affaire à une trajectoire se dirigeant du haut vers le bas: cela commence avec des individus en lutte avec les sommets des montagnes, et nous descendons graduellement jusqu'à toucher, au fond de la mer, l'informe luxuriance de la vie elle-même – et n'est-ce pas là, dans ces profondeurs, le dernier objet qu'elle a rencontré, l'objet qu'elle ne cessa de rechercher tout au long de son œuvre, cette obscénité éternelle et irrésistiblement luxuriante de la vie elle-même? Cela ne vaut-il pas aussi pour sa personnalité? Bien qu'inévitablement, nous sachions sa mort prochaine, il est difficile de s'y résoudre tout à fait et nous sommes convaincus que, d'une certaine manière, elle vivra toujours. Il semble bien en effet que ceux qui sont fascinés par Leni ne redoutent plus le moment de sa mort mais se posent vraiment la question de savoir si elle mourra un jour.

Cette continuité est souvent lue dans une perspective « proto-fasciste », comme c'est exemplairement le cas dans le fameux essai que Susan Sontag lui consacre: *Fascinant fascisme.* La thèse est que ses films, qu'ils soient pré- ou post-nazis, articulent la vision d'une vie « proto-fasciste »: le fascisme de Leni serait plus profond que sa célébration directe de la politique nazie, car il se manifeste déjà dans son esthétique pré-politique de la vie, dans sa fascination pour ces beaux corps exhibant des mouvements disciplinés… Mais il est peut-être temps de problématiser ce *topos.* Prenons *La Lumière bleue* (*Das blaue Licht*): n'est-il pas possible d'en faire aussi la lecture exactement inverse? Junta, la fille sauvage et solitaire de la montagne, n'est-elle pas l'image même de la paria devenant effectivement la victime d'un pogrom organisé par les villageois – un pogrom qui ne peut pas nous rappeler les pogroms antisémites et qui pourtant y ressemble? Il n'est peut-être pas fortuit que Bela Balasy, le compagnon d'alors de Leni avec lequel elle a co-écrit le scénario, ait été marxiste...

Le problème, ici, est bien plus général et excède le cas Leni. Prenons à l'opposé Arnold Schoenberg: dans la deuxième partie de son *Harmonienlehre*, son manifeste théorique majeur de 1911, il développe son opposition à la musique tonale dans des termes qui, superficiellement, peuvent rappeler les tracts nazis antisémites ultérieurs: le monde de la musique tonale est devenu un monde « maladif », « dégénéré », appelant une solution purificatrice; le système tonal a donné dans « la consanguinité et l'inceste »; les accords romantiques, comme ceux utilisant la septième diminuée, sont « hermaphrodites », « vagabonds » et « cosmopolites »... Rien de plus facile que de montrer qu'une telle attitude messianico-apocalytique participe des mêmes « situations spirituelles » que celles qui ont donné naissance à la « solution finale » nazie. Mais ceci est précisément la conclusion qu'il faut éviter: ce qui rend le nazisme répugnant n'est pas la rhétorique de la solution finale *EN TANT QUE TELLE*, mais le tour concret qu'il lui a donné.

Un autre thème prisé par ce genre d'analyse, plus près de Leni, est le caractère soi-disant « proto-fasciste » de la chorégraphie de masse orchestrant les mouvements de milliers de corps disciplinés (parades, effets de masse dans les stades, etc.); retrouvant les mêmes phénomènes dans le socialisme, on s'empresse immédiatement de conclure à une

« profonde solidarité » entre les deux « totalitarismes ». Un tel rapprochement, véritable archétype du libéralisme idéologique, manque le sens: ces performances de masse non seulement ne sont pas fascistes en elles-mêmes – elles ne sont certes pas non plus « neutres », « en attente d'appropriation par la gauche ou la droite » –, mais en l'occurrence c'est le nazisme qui les a volées au mouvement des travailleurs, où elles sont nées, et se les est appropriées. Aucun des prétendus éléments « proto-fascistes » n'est fasciste *per se*; ce qui les rend « fascistes » n'est que leur articulation singulière, ou, pour le dire avec Stephen Jay Gould: ces éléments sont « ingérés » par le fascisme. Pour le dire autrement, il n'y a pas de fascisme *avant la lettre*, pour la bonne raison que c'est la lettre elle-même (la nomination) qui fait tenir ensemble le faisceau des éléments qui fait le fascisme.

Dans le même ordre d'idées, on devrait rejeter radicalement l'idée selon laquelle la discipline (de la maîtrise de soi à la pratique de l'exercice) est une caractéristique « proto-fasciste » – le prédicat « proto-fasciste » lui-même devrait être abandonné: c'est l'exemple même du pseudo-concept dont la fonction est de bloquer toute analyse conceptuelle. Lorsque nous disons que le spectacle organisé de milliers de corps (ou, disons, l'admiration de sports comme l'alpinisme qui demandent un grand effort et de la maîtrise de soi) est une attitude « proto-fasciste », nous n'explicitons strictement rien, si ce n'est une vague association censée masquer notre ignorance. Il y a une trentaine d'années, à la grande époque des films de Kung Fu (Bruce Lee, etc.), n'était-il pas évident que nous avions affaire à l'idéologie originale d'une jeune classe ouvrière dont la seule manière de réussir passait par l'entraînement méthodique de la seule chose dont ils restaient propriétaires, à savoir leurs corps? La spontanéité et l'attitude de « laisser aller » à une liberté excessive appartiennent à ceux qui ont les moyens de se l'offrir, et ceux qui n'ont rien n'ont que leur discipline. La « mauvaise » discipline corporelle, si elle existe, ne réside pas dans l'entraînement collectif mais bien plutôt dans le jogging et le body-building en tant qu'ils participent du mythe *New Age* de la réalisation des possibilités propres du Soi. Il n'est pas surprenant que l'obsession du corps soit indissociable du passage des radicaux, anciennement de gauche, à la « maturité » de la politique pragmatique: de Jane Fonda à Joschka Fischer, la « période de latence » entre les deux phases fut marquée par le recentrage sur le corps.

Pour revenir à Leni, il ne s'agit donc pas de l'absoudre de son engagement nazi et de faire de celui-ci un épisode aussi malheureux que passager. Le vrai problème est d'éprouver la tension qui traverse son œuvre: la tension entre la perfection de ses procédés et le projet idéologique qui les a « cooptés ». Pourquoi son cas serait-il différent de celui d'un Ezra Pound, d'un W. B. Yeats, et autres modernistes dont les tendances fascistes sont devenues depuis longtemps une dimension de notre canon artistique? La recherche de la « véritable identité idéologique » de Leni est sans doute un leurre: une telle identité n'existe pas, elle est à l'origine éparpillée, inconsistante, prise dans une toile d'araignée de forces opposées.

La meilleure façon d'inscrire sa mort comme possible n'est-elle donc pas alors de prendre le risque d'*apprécier pleinement* un film comme *La Lumière bleue* qui contient la possibilité d'une lecture politique de son œuvre totalement différente de celle qui prédomine *?

* *NdT*: Leni Riefenstahl est entre-temps réellement morte, le 8 septembre 2003, en Bavière.

III

La Passion à l'ère de la croyance décaféinée

Les lettres de créance adressées par des critiques virulents, avant même sa sortie, au nouveau film de Mel Gibson sur les douze dernières heures de la vie du Christ, semblent légitimes: n'ont-ils pas raison de s'inquiéter de la possible flambée de réactions antisémites face à ce film, réalisé par un catholique traditionaliste et fanatique, souvent sujet lui-même à des débordements antisémites? Plus généralement, *La Passion* n'est-elle pas une sorte de manifeste de nos propres fondamentalistes et anti-laïques (occidentaux, chrétiens)? N'est-il donc pas du devoir de chaque laïc occidental de le refuser? Une telle riposte, explicite, n'est-elle pas la condition *sine qua non* pour rendre bien clair le fait que nous ne sommes pas des racistes déguisés, et que nous ne visons pas seulement le fondamentalisme des *autres* cultures, en l'occurrence celui de l'islam?

La réaction ambiguë du Pape à l'égard du film est bien connue: profondément ému à la fin du film, on dit qu'il murmura « c'est exactement ce qui s'est passé »; ce jugement a été rapidement démenti par le porte-parole officiel du Vatican. À la réaction spontanée du Pape fut donc rapidement substituée une déclaration neutre, « officielle », dans le but de ne heurter personne. Ce déplacement est le meilleur exemple de ce sur quoi la tolérance libérale fait l'impasse, avec cette peur typiquement « politiquement correcte » de heurter la sensibilité religieuse: même si on lit dans la Bible que c'est la foule juive qui a demandé la mort du Christ, on ne doit pas représenter cette scène directement, mais en faire entendre le contexte afin de rendre bien clair que les Juifs ne doivent pas être rendus responsables dans leur ensemble de la Crucifixion... Le problème avec une telle position est qu'elle refoule purement et simplement la violence de la passion religieuse: c'est ainsi qu'elle reste active, couvant sous la cendre et, ne trouvant aucune issue, devient de plus en plus forte.

Au mois de novembre 2002, George Bush se vit attaqué par l'aile droite de son propre parti pour ce qui était apparu comme une position trop douce à l'égard de l'islam: il lui fut reproché de répéter le mantra selon lequel le terrorisme n'aurait rien à voir avec l'islam, grande religion de tolérance. Comme le précisait une chronique du *Wall Street Journal*, le véritable ennemi des États-Unis n'est pas le terrorisme mais l'islam militant. Il s'ensuit qu'il faudrait avoir le courage de reconnaître le fait, politiquement incorrect (et cependant évident), que l'islam présente des traits profonds de violence et d'intolérance et que, pour le dire brutalement, quelque chose dans l'islam résiste à l'ordre libéral du capitalisme mondial. C'est à ce niveau qu'une analyse vraiment radicale devrait rompre avec l'attitude libérale classique: non, il ne s'agit pas ici de défendre Bush – ses prises de position ne sont finalement pas meilleures que celles des Cohen, Buchanan, Pat Robertson, et autres anti-islamistes –, et il faut se garder de l'une ou de l'autre attitude. Et c'est sur cette toile de fond qu'il faut s'intéresser à *La Rage et l'orgueil* d'Oriana Fallaci *, cette défense passionnée de l'Occident en lutte contre la menace musulmane, cette affirmation franche de la supériorité de l'Occident, ce dénigrement de l'islam, non seulement en tant que culture différente, mais en tant que barbarie (ce n'est donc même pas la théorie du choc des civilisations mais bien le choc entre *notre* civilisation et *la* barbarie musulmane). Le livre présente, *stricto sensu,* l'envers de la tolérance politiquement correcte: sa passion vivante est la vérité d'une tolérance politiquement correcte et moribonde.

Dans ces conditions, la seule réponse « passionnée » à la passion fondamentaliste est une laïcité agressive du type de celle mise en œuvre par l'État français où le gouvernement interdit tout signe ou vêtement religieux trop ostensible (non seulement les voiles des musulmanes mais aussi les kippas juives et les croix chrétiennes trop démonstratives). Il n'est pas difficile de prévoir ce que ces mesures vont déclencher: exclus de l'espace public, les musulmans vont être directement obligés de se constituer en communautés fondamentalistes exclues. C'est ce que

* *NdÉ* : *La Rage et l'orgueil,* Plon, Paris, 2002.

faisait comprendre Lacan lorsqu'il soulignait le lien entre le règne de la fraternité post-révolutionnaire et la logique de la ségrégation.

Et peut-être l'interdit pesant sur l'adhésion passionnée à une croyance explique-t-il pourquoi, aujourd'hui, la « culture » tend à devenir une catégorie centrale dans le monde et dans nos vies. La religion, comme façon de donner un sens à sa vie, est interdite; mais elle est permise sous le mode de la « culture » particulière, à savoir le style de vie: ce qui la légitime n'est pas sa prétention immanente à la vérité mais la façon par laquelle elle nous permet de manifester nos sentiments et nos positions intimes. Nous n'y « croyons » plus « vraiment », en revanche nous participons encore, peu ou prou, aux rituels et aux mœurs religieux dans le respect dû au « style de vie » de la communauté à laquelle nous appartenons (il suffit d'évoquer ce Juif athée proverbial qui obéit aux règles kasher « en dehors du respect de la tradition »). Le mode dominant de la croyance désavouée/déplacée, typique de notre époque, semble bien être le « je n'y crois pas vraiment, cela fait simplement partie de ma culture »: qu'est-ce qu'un « style de vie culturel » sinon le fait de dresser, même sans croire au Père Noël, un sapin chaque mois de décembre, dans chaque maison et même dans les lieux publics? Peut-être alors le terme de « culture » est-il le nom qui convient à toutes ces choses que nous pratiquons sans vraiment y croire, sans les

« prendre au sérieux ». N'est-ce pas aussi la raison pour laquelle la science ne relève pas de cette idée de la culture du fait que, précisément, elle se situe du côté du réel? Et n'est-ce pas aussi la raison pour laquelle nous accusons les croyants fondamentalistes de « barbarie », d'anti-culturalisme, et les ressentons comme une menace pour la culture? Ils osent prendre la croyance au sérieux. Aujourd'hui, nous percevons comme une menace extrême pour la culture ceux qui ont un rapport vital et immédiat à *leur* culture, bref qui manquent de distance. Rappelons-nous de l'indignation publique lorsque, il y a trois ans, les forces talibans en Afghanistan dynamitèrent les anciennes statues bouddhiques de Bamiyan: bien qu'aucun d'entre nous, occidentaux éclairés, ne croyons en la divinité de Bouddha, nous avons été indignés du fait que les musulmans talibans ne montrent aucun respect pour l'« héritage culturel » de leur propre pays et de l'humanité entière. Au lieu de croire à travers l'autre, comme tous les gens cultivés, la preuve nous était donnée qu'ils étaient intégralement immergés dans la croyance en leur propre religion et n'avaient ainsi qu'une sensibilité limitée à la valeur culturelle des monuments d'autres religions: les statues de Bouddha n'étaient pour eux que des idoles postiches et non des « trésors culturels ». (Et, en passant, cet outrage n'est-il pas le même que celui de cet antisémite éclairé qui aujourd'hui, bien que ne croyant pas en la divinité du Christ, n'en accuse pas moins les Juifs d'avoir tué notre Seigneur Jésus? Ou bien que celui du Juif séculaire typique qui, bien que ne croyant ni en Jehova ni en son prophète Moïse, pense néanmoins que les Juifs ont sur la terre d'Israël un droit divin?)

Jacques Lacan définissait l'amour comme le fait de « donner quelque chose que l'on n'a pas ». Mais on oublie souvent la deuxième moitié de sa phrase, qui lui donne tout son sens: «...à quelqu'un *qui n'en veut pas* ». Cette vérité se confirme dans notre expérience la plus quotidienne, lorsque par exemple quelqu'un nous déclare sa flamme de façon tout à fait inattendue. La première réaction, avant même l'éventuelle réponse positive, n'est-elle pas ce sentiment que quelque chose d'obscène, d'intrusif, cherche à nous contraindre? C'est la raison pour laquelle, en dernier ressort, la passion, en tant que telle, est « politiquement incorrecte »: bien que tout semble permis, l'interdit est simplement déplacé. Il suffit d'évoquer l'impasse de la sexualité et de l'art aujourd'hui: existe-t-il chose plus lénifiante, plus opportuniste et stérile, que de succomber à l'injonction surmoïque qui prescrit l'invention continuelle de nouvelles transgressions et de nouvelles provocations artistiques (l'artiste *performer* se masturbant sur scène ou se lacérant de façon masochiste, le sculpteur exhibant des cadavres d'animaux en décomposition ou des excréments humains), ou à l'injonction parallèle qui prescrit de s'engager dans des formes de plus en plus « osées » de vie sexuelle… ? Dans certains cercles « radicaux » aux États-Unis, on n'a pas hésité récemment à proposer de « repenser » les droits des nécrophiles (ces personnes dont le désir est d'avoir des relations sexuelles avec des cadavres). Pourquoi en effet devrait-on les en priver? L'idée a ainsi été lancée, sur le modèle des autorisations de prélèvement d'organe à but médical en cas de mort soudaine, de permettre à ces mêmes personnes de signer une décharge autorisant le don de leurs corps pour des jeux nécrophiles… Cette proposition n'illustre-t-elle pas parfaitement la manière dont la position politiquement correcte réalise la vieille idée de Kierkegaard selon laquelle le seul bon voisin qui existe est un voisin mort? Un voisin mort – un cadavre – est le partenaire sexuel idéal du sujet « tolérant » qui essaie d'éviter tout harcèlement: par définition, il est difficile d'être accusé de harcèlement par un cadavre…

On trouve sur le marché aujourd'hui un grand ensemble de produits dont on a éliminé les propriétés malignes: café sans caféine, crème sans matière grasse, bière sans alcool… La liste s'allonge: et une sexualité virtuelle, c'est-à-dire une sexualité sans sexe? Et la doctrine de Colin Powell de la guerre sans victimes (dans notre camp, bien sûr), c'est-à-dire la guerre sans guerre? Et la redéfinition contemporaine de la politique comme art de l'administration par les experts, c'est-à-dire la politique sans politique? Et le multiculturalisme tolérant et libéral d'aujourd'hui, conçu comme l'expérience de l'Autre privé de son Altérité (vous savez, cet Autre idéalisé, dansant de façon fascinante et proposant une approche holiste et vaguement écologique de la réalité, pendant que dans les faits, des phénomènes comme celui des femmes battues restent invisibles...)? Ce à quoi la tolérance politiquement correcte nous conduit est une croyance décaféinée: une croyance qui ne blesse et n'engage personne, et encore moins nous-mêmes.

Tout est permis aujourd'hui au Dernier Homme hédoniste: profitez de tous les plaisirs, mais à la condition qu'ils soient privés de la substance qui les rend dangereux. C'est pourquoi Lacan avait raison de renverser la devise bien connue de Dostoïevski: « Si Dieu n'existe pas, tout est interdit! » Dieu est mort, nous vivons dans un univers permissif, vous devriez vous consacrer au bonheur et aux plaisirs: mais, si vous voulez profiter pleinement de cette vie de bonheur et de plaisir, vous devriez éviter ces excès dangereux, faire l'effort de garder la forme, avoir une vie saine, ne pas harceler les autres... et c'est ainsi que tout vous est interdit si ce n'est privé de sa substance; et c'est ainsi que vous en finissez, après une vie tout à fait équilibrée... Mais l'inverse est tout aussi juste: si Dieu existe, alors *tout est permis* – à ceux qui, instruments de Sa volonté, déclarent agir directement au nom de Dieu. Il ne fait aucun doute qu'un rapport direct avec Dieu légitime la transgression de toutes les contraintes et de toutes les considérations « simplement humaines » (comme dans le stalinisme la référence au grand Autre de la Nécessité historique légitimait la cruauté absolue).

L'hédonisme, aujourd'hui, conjugue habilement le plaisir et le refoulement : ce n'est plus seulement la vieille idée de la « juste mesure » entre plaisir et refoulement mais, de manière pseudo-hégélienne, la promotion d'une sorte de coïncidence immédiate des opposés : action et réaction doivent coïncider, la chose même qui induit la nuisance doit déjà en être le remède. Ce n'est plus : « Buvez du café avec modération », c'est plutôt : « Buvez tout le café que vous voulez, il est déjà décaféiné… » L'exemple définitif de cette attitude est le *chocolat laxatif*, disponible aux États-Unis, et son injonction paradoxale : « Vous êtes constipés ? Mangez plus de chocolat ! » – c'est-à-dire de la chose même qui provoque la constipation. Et le fait que la consommation irrépressible réelle (sous toutes ses formes dominantes : drogues, sexe libre, tabagisme…) devienne un danger social majeur n'est-il pas une preuve négative de l'hégémonie de cette attitude ? La lutte contre ces dangers est l'une des principales priorités de la « biopolitique » d'aujourd'hui. Mais les solutions qui sont ici recherchées sont celles qui reproduiraient le paradoxe du chocolat laxatif. Le principal favori est le « safe sex », une expression qui rend sensible la vérité du vieux dicton : « Faire l'amour avec un préservatif, n'est-ce pas comme prendre une douche avec un imperméable? » Le but ultime serait ici, en suivant le principe du « déca », d'inventer « l'opium sans opium »: il n'y a pas de doute que le caractère populaire de la marijuana parmi les libéraux qui souhaitent sa légalisation constitue déjà un pas vers cet « opium sans opium ».

La structure du « chocolat laxatif », qui est celle d'un produit contenant l'agent de sa propre négation, est aisément identifiable dans le paysage idéologique contemporain. Deux thèses déterminent l'attitude libérale-tolérante d'aujourd'hui à l'égard des Autres: le respect de l'Altérité, l'ouverture d'esprit *et* la peur obsédante du harcèlement – en somme, l'Autre ne pose aucun problème, mais dans la mesure où sa présence n'est pas intrusive, dans la mesure en fait où l'Autre n'est pas vraiment Autre. Voilà ce qui apparaît de plus en plus comme le « droit de l'homme » central dans la société capitaliste avancée: *le droit de ne pas être harcelé*, c'est-à-dire le droit de pouvoir se maintenir à une saine distance des autres. C'est une structure similaire qui est significativement à l'œuvre dans la manière dont nous pensons le profit capitaliste: il n'est aucunement problématique s'il est compensé par des activités caritatives – d'abord vous amassez des milliards puis vous en redistribuez (une partie) aux nécessiteux... Et il en va de même pour la guerre, dans la logique émergente du militarisme pacifiste ou humanitaire: d'accord pour la guerre mais dans la mesure où elle sert en fait à apporter la paix, la démocratie, ou à créer les conditions pour la distribution d'une aide humanitaire. Et n'en va-t-il pas de plus en plus de même pour la démocratie et les droits de l'homme? Tout le monde semble d'accord pour « repenser » les droits de l'homme en y inscrivant, pourquoi pas, la torture et l'état d'urgence permanent, pourvu qu'il s'agisse de nettoyer la démocratie de ses « excès » populistes...

Dans notre époque d'ultrasensibilité au « harcèlement » de l'Autre, toute expérience éthique se transforme en une expérience de la violence du pouvoir et de son masque mensonger. Ce glissement induit ainsi la tentative de « réécrire » les injonctions religieuses pour les rendre adéquates à nos exigences. Certains commandements sont-ils trop sévères? Reformulons-les afin de les rendre compatibles avec notre sensibilité! « Tu ne commettras pas l'adultère! » – *sauf si ton émotion est sincère et que cela sert ton but de profonde réalisation de toi-même...* Exemplaire ici est la lecture *New Age* du christianisme aux relents libéraux opérée par Donald Spoto dans *The Hidden Jesus**, où nous pouvons lire à propos du divorce: « Jésus a clairement dénoncé le divorce et le remariage (...) Mais Jésus n'est pas allé plus loin et n'a pas dit que les mariages ne pouvaient pas se briser (...) il n'y a rien dans son enseignement qui justifie de lier quelqu'un pour

* *NdÉ*: Donald Spoto, *Un inconnu nommé Jésus*, trad. de l'américain par Jérôme Pernoud, Paris, Éd. France loisirs, 2000.

toujours aux conséquences du péché. Son souci constant pour l'humanité était de libérer et non pas de légiférer. (...) Il est évident qu'en réalité certains mariages se brisent, que les engagements sont abandonnés, que les promesses ne sont pas tenues et que l'amour est trahi ». Aussi sympathiques et « libérales » que ces lignes puissent paraître, elles impliquent une confusion inévitable entre les hauts et les bas émotionnels d'une part et un engagement symbolique inconditionnel d'autre part, supposé tenir précisément lorsqu'il n'est plus supporté directement par les émotions. Ce que Spoto soutient en effet se résume à: « Tu ne divorceras pas – sauf si ton mariage est un échec « dans les faits », si ta vie entière est contrariée par ce fardeau émotionnel insupportable » – en somme, sauf lorsque l'interdiction du divorce aura repris tout son sens (car qui en effet aurait l'idée de divorcer si son mariage était tout à fait épanoui ?) !

Doit-on pour autant, face à cette fausse tolérance du multiculturalisme libéral, retourner au fondamentalisme religieux? Le ridicule même du film de Mel Gibson nous interdit la possibilité d'une telle issue. Gibson eut tout d'abord le projet de tourner entièrement son film en latin et en araméen et de le présenter sans sous-titres; sous la pression des distributeurs, il décida ensuite d'autoriser les sous-titres, en anglais ou en d'autres langues. Cependant, ce compromis, de sa part, ne se réduit pas à une concession à la pression commerciale; en rester à l'idée première aurait plutôt manifesté directement la nature auto-réfutatoire du projet gibsonien. Cela signifie que, présenté à un large public américain suburbain sans sous-titres, la prétention du film à être tout à fait fidèle à l'original se serait transformée en son contraire, en un spectacle exotique incompréhensible.

La Passion de Gibson paie ainsi le prix dialectique fort pour sa tentative de réaliser un film fondamentaliste chrétien: ce qu'il manque complètement, c'est précisément la trace de toute expérience chrétienne authentique et, au niveau de sa matière cinématographique, il rejoint ses opposants déclarés. En somme, qu'est-ce que *La Passion*, sinon ce sacrilège définitif, cette mise en scène de la souffrance du Christ et de sa mort comme le dernier spectacle sado-maso homosexuel? Ce qui reste du film, c'est qu'un homme nu, un très beau corps masculin, est lentement torturé jusqu'à la mort (et, ironiquement, le film triche ici sur son propre vocabulaire « réaliste »: selon toute probabilité, le Christ était nu sur la croix...).

Ce qui est totalement absent du film, c'est la plus petite interrogation sur la signification de la crucifixion: pourquoi le Christ devait-il mourir? Il y a trois interprétations possibles: une interprétation gnostique-dualiste: la mort du Christ était un chapitre dans le combat entre le bien et le mal, c'est-à-dire que la mort du Christ était le prix à payer par Dieu au Diable pour la rédemption de l'humanité; l'interprétation sacrificielle: le Christ a payé pour nos péchés – non au Diable, mais seulement pour satisfaire le sens et l'équilibre de la justice; l'interprétation exemplaire: par son acte d'amour radical et exemplaire, le Christ inspire les gens à le suivre, à bien agir… Quelque chose naturellement manque ici, la *quatrième* interprétation, qui est la vérité des trois premières: et si la mort du Christ était une façon, pour Dieu le père, de payer sa propre dette à l'humanité, de s'excuser d'avoir fourni un travail si mal fait, d'avoir créé un monde imparfait plein de souffrance et d'injustice?

Mais il existe une troisième position, par-delà le fondamentalisme religieux et la tolérance libérale. Retournons à la distinction « politiquement correcte » entre le fondamentalisme islamique et l'islam: Bush et Blair (et même Sharon) n'oublient jamais de faire l'éloge de la grande religion d'amour et de tolérance qu'est l'islam, n'ayant rien à voir avec les actes terroristes répugnants. De la même manière que cette distinction entre un « bon » islam et un « mauvais » terrorisme islamique est un leurre, il faudrait aussi problématiser la distinction typiquement « radicale-libérale » entre les Juifs et l'État d'Israël ou le sionisme, c'est-à-dire faire l'effort d'ouvrir l'espace dans lequel les Juifs et les citoyens juifs d'Israël seront capables de critiquer la politique de l'État d'Israël et l'idéologie sioniste, non seulement sans être accusés d'antisémitisme mais encore en formulant leur critique depuis leur attachement passionné à la judéité même, depuis ce qu'ils considèrent comme valant la peine d'être sauvé dans l'héritage juif. Mais est-ce assez? Marx disait du *petit-bourgeois* qu'il voyait dans chaque objet deux apparences, une mauvaise et une bonne, et qu'il essayait de garder la bonne et combattait la mauvaise. Il faudrait éviter de faire la même erreur en réfléchissant à propos du judaïsme: le « bon » judaïsme lévinassien de la justice, du respect et de la tolérance envers l'autre etc. face à la « mauvaise » tradition d'un Jehova assoiffé de vengeance et de violence exterminatrice à l'égard des peuples voisins. Il faudrait rassembler ses forces et avoir le courage de transposer ce fossé et cette tension dans le cœur même du judaïsme: il n'est plus question de défendre la pure tradition juive de justice et d'amour pour le prochain contre l'affirmation sioniste agressive de l'État-nation. De la même manière, au lieu de célébrer la grandeur du vrai islam contre les abus qu'en feraient les terroristes fondamentalistes, ou de déplorer le fait que de toutes les grandes religions l'islam est l'une des plus résistantes à la modernisation, il faudrait plutôt concevoir cette résistance comme une grande chance: cela ne mène pas nécessairement à l'« islamo-fascisme », cela peut aussi être articulé dans le cadre d'un projet socialiste. Précisément parce que l'islam porte en lui la « pire » possibilité d'une réponse fasciste à notre embarras présent, il peut aussi devenir le lieu de la « meilleure » issue possible.

Au lieu d'essayer de sauver de ses instrumentalisations politiques le pur cœur éthique d'une religion, il faudrait donc critiquer ce même cœur, de manière impitoyable, et ce, dans *toutes* les religions. Aujourd'hui, à l'heure où les religions elles-mêmes (de la spiritualité *New Age* à l'hédonisme spiritualiste « cheap » du Dalaï-lama) sont plus que prêtes à servir la volonté de plaisir postmoderne, il n'est, paradoxalement, qu'un matérialisme conséquent pour soutenir le militantisme vraiment ascétique d'une position éthique.

La politique de la rédemption, ou pourquoi cela vaut-il le coup de sauver Richard Wagner

Avec le Romantisme, la musique change de rôle : elle n'est plus le simple accompagnement du message délivré par la parole, elle contient et rend un message propre, « plus profond » que celui délivré par les mots. Ce fut Rousseau qui, le premier, articula ce potentiel expressif de la musique en tant que tel, lorsqu'il déclara qu'au lieu d'imiter simplement les représentations affectives de la parole verbale, on devait donner le droit à la musique de « parler pour elle-même » : à l'inverse de la parole verbale déceptive, dans la musique c'est, pour paraphraser Lacan, la vérité elle-même qui parle. Comme Schopenhauer le formule, la musique produit et rend compte de la Volonté nouménale alors que la parole reste limitée à la représentation phénoménale. La musique est la substance capable de rendre pleinement le vrai cœur du sujet, ce que Hegel appelait la « nuit du monde », l'abîme de radicale négativité : la musique devient le support d'un message réel, par-delà les mots, dans le passage du sujet du *logos* rationnel des Lumières au sujet romantique de la « nuit du monde », c'est-à-dire avec la transformation de la métaphore exprimant le noyau subjectif, passant du Jour à la Nuit. C'est ici que nous rencontrons le Fantastique : il ne s'agit plus d'une transcendance externe mais, pour suivre le tournant transcendantal kantien, de l'excès de la Nuit dans le cœur même du sujet (la dimension du non-mort), ce que Tomlison a appelé « l'extramondéanité interne qui caractérise le sujet kantien [1] ». Ce qu'exprime la musique n'est plus une « sémantique de l'âme » mais un flux de *jouissance* nouménal sous-jacent, par-delà la signifiance linguistique. Cet espace nouménal est radicalement différent de la Vérité divine transcendantale pré-kantienne: il tient lieu d'un inaccessible excès, formant le cœur même du sujet.

Dans l'histoire de l'opéra, on peut retrouver cet excès sublime de la vie dans ses deux versions majeures, l'italienne et l'allemande, Rossini et Wagner, bien que totalement opposées; la sympathie surprenante qu'éprouvait en privé Wagner pour Rossini porte témoignage d'une affinité plus profonde. Les grands portraits masculins chez Rossini, les trois du *Barbiere* (le « Largo il factotum » de Figaro, le « Calumnia » de Basilio, et « Un dottor della mia sorte » de Bartolo) ainsi que l'autoportrait du père complaisant responsable de la corruption dans *Cenerentola* mettent en scène un auto-apitoiement, tourné en ridicule, où l'homme s'imagine lui-même dans une position désirée, assailli de demandes de faveurs ou de services. Prenons l'exemple du père dans *Cenerentola*: il imagine comment les gens vont se comporter avec lui

1. Gary Tomlison, *Metaphysical Song*, Princeton, Princeton University Press, 1999, p. 94.

lorsqu'une de ses filles sera mariée avec le Prince, essayant de le soudoyer pour obtenir un service de la cour; il y réagira d'abord par une réflexion habile puis par le faux désespoir d'être ainsi assailli de trop de requêtes. Le moment culminant de l'aria archétypal de Rossini est ce moment de bonheur, unique, où s'affirme pleinement l'excès de la Vie produit lorsque le sujet est submergé par les demandes et qu'il n'est plus du tout en mesure d'y faire face. Au plus haut point de son aria « Factotum », Figaro s'exclame: « Quelle foule/tous ces gens m'assaillant de leurs demandes/Pitié, l'un après l'autre/uno per volta, per carita! », faisant ainsi référence à l'expérience kantienne du sublime dans laquelle le sujet est assailli par un excès de données, incapable qu'il est de les embrasser toutes. L'économie libidinale principale est ici obsessionnelle: l'objet du désir du héros est la demande de l'autre.

Cet excès est le juste contrepoint au sublime wagnérien, au « hoechste Lust » de l'immersion dans le Vide concluant *Tristan*. Cette opposition du sublime chez Rossini et chez Wagner recouvre parfaitement l'opposition kantienne entre sublime mathématique et sublime dynamique: nous venons de le voir, le sublime rossinien est mathématique, il met en acte l'incapacité du sujet à saisir la pure quantité des demandes qui le submergent, alors que le sublime wagnérien est dynamique, il met en acte la force submergeante concentrée dans UNE demande, la demande d'amour inconditionnelle.

On peut dire aussi que le sublime wagnérien est l'émotion absolue: c'est en ce sens qu'on doit lire la fameuse première phrase de *La Religion et l'Art* de Wagner où il affirme que lorsque la religion devient artificielle, l'art peut sauver le véritable esprit de la religion, sa vérité cachée. Comment? Précisément en abandonnant le dogme, en ne rendant que la pure émotion religieuse, c'est-à-dire en transformant la religion en une expérience esthétique ultime.

Tristan devrait ainsi être lu comme la résolution de la tension entre la passion sublime et la religion encore à l'œuvre dans *Tannhäuser*. La supplication, au début de *Tannhäuser*, produit un étrange renversement de la supplication classique: il ne s'agit plus d'échapper aux limites de la finitude et de rejoindre l'être aimé, mais de la supplication adressée à l'être aimé pour qu'il laisse partir le héros, qu'il revienne à la finitude, à la souffrance, à la lutte et à la liberté. Tannhäuser se plaint de ne pouvoir, en tant que mortel, éprouver de joie continue (« Wenn stets ein Gott geniessen kann, bin ich dem Wechsel untertan; nicht Lust allein liegt mir am Herzen, aus Freuden sehn ich mich nach Schmerzen »/ "Lorsqu'un Dieu peut jouir continuellement, je suis soumis au changement; la joie seule ne me tient pas au cœur, dans la joie j'aspire à la douleur"). Un peu plus tard, Tannhäuser exprime très clairement le fait que ce qu'il attend est, en fait, la paix de la mort elle-même: « Mein

Sehnen drangt zum Kampfe, nicht such ich Wonn und Lust! Ach mogest du es fassen, Gottin! Hin zum Tod, den ich suche, zum Tode drangt es mich! » / « Mon aspiration me pousse au combat, je ne recherche ni le bonheur ni la joie! Ah, peux-tu comprendre cela, Déesse! À la mort que je recherche, à la mort je suis poussé! » S'il y a ici un conflit entre l'éternité et l'existence temporelle, entre la transcendance et la réalité terrestre, c'est alors Vénus qui est du côté d'une ÉTERNITÉ terrifiante, d'une *jouissance* excessive, insupportable. Cela nous donne la clé pour comprendre le conflit central de l'opéra: il *ne s'agit pas,* comme on le soutient souvent, du conflit entre le spirituel et le corporel, entre le sublime et les plaisirs ordinaires de la chair, mais bien plutôt d'un conflit inhérent au sublime lui-même, le coupant en deux. Vénus et Élisabeth sont TOUTES DEUX des figures métaphysiques du sublime: aucune des deux n'a pour destin de devenir une femme comme les autres. Alors qu'Élisabeth représente de manière évidente la vierge sacrée, la pure entité spirituelle, la Dame idéalisée et *intouchable* de l'amour courtois, Vénus est aussi la représentation d'un excès métaphysique, celui d'une joie sexuelle portée à son incandescence; à tout prendre, c'est Élisabeth qui est la plus proche de la vie terrestre ordinaire. Pour le dire avec Kierkegaard, Vénus représente le stade esthétique et Élisabeth le religieux – à condition de bien se souvenir que le stade esthétique est inclus dans le stade religieux, lui-même élevé au niveau de l'Absolu inconditionnel. C'est là que réside le péché impardonnable de Tannhäuser: non du fait qu'il s'est engagé dans une sexualité libre, un peu légère (dans ce cas, le sévère châtiment aurait été ridicule et exagéré), mais parce qu'il a élevé la sexualité, le désir sexuel, au niveau de l'Absolu, en en faisant l'envers essentiel du sacré. C'est la raison pour laquelle les rôles de Vénus et d'Élisabeth devraient assurément être interprétés par la même cantatrice: elles sont UNE SEULE et MÊME personne, la seule différence résidant dans l'attitude du héros masculin à son égard. N'est-ce pas très clair dans le choix final que Tannhäuser est sommé de faire entre les deux? Alors qu'il est à l'agonie, Vénus l'appelle pour qu'il la rejoigne (« Komm, o Komm! Zu mir! Zu mir! »); alors qu'il se rapproche d'elle, Wolfram en arrière plan crie « Élisabeth », ce à quoi Tannhäuser réplique: « Élisabeth ». Dans une mise en scène classique, le fait d'introduire la mourante sacrée (Élisabeth) donne à Tannhäuser la force d'éviter les bras de Vénus, laquelle quitte la scène furieuse; cependant, ne serait-il pas bien plus logique de mettre en scène cet épisode de telle manière que Tannhäuser se rapproche en fait de LA MÊME femme, découvrant lorsqu'il arrive près d'elle, que Vénus, en réalité, est Élizabeth? Le pouvoir subversif de ce glissement serait de permettre le retournement du motif poétique bien connu de l'amour courtois dans lequel la Dame d'une beauté éblouissante se révèle être, approchée de trop près, une entité répugnante de chair pourrie, grouillante de vers : ici, la vierge sacrée se découvrirait dans le vrai cœur de la séductrice dissolue. Le message n'est donc pas celui de la désublimation habituelle (« Gare à cette beauté! C'est un leurre trompeur qui cache une chair pourrie répugnante! ») mais celui d'une sublimation inattendue, l'élévation de la femme érotique au mode d'apparition de la Chose sacrée. La tension de *Tannhäuser* est donc une tension entre les deux versants de l'Absolu, Idéal-Symbolique et Réel, Loi et Surmoi. Le vrai thème de *Tannhäuser* est celui de la *perturbation dans l'ordre de la sublimation* : la sublimation commence à osciller entre ses deux pôles.

Wagner avec Kierkegaard

Nous pouvons voir maintenant dans quel sens précis *Tristan* incarne l'attitude « esthétique » (au sens kierkegaardien du terme) : en refusant de compromettre son désir, on se dirige vers la fin et on étreint volontairement la mort. *Les Maîtres chanteurs* va à l'encontre de ce principe en proposant une solution éthique : la vraie rédemption ne consiste pas à suivre la passion immortelle jusqu'à sa conclusion autodestructrice ; il faut bien plutôt apprendre à la dépasser par une sublimation créative et retourner, par la conversion à une sagesse résignée, à la vie « quotidienne » des obligations symboliques. Dans *Parsifal*, en vérité, la passion ne peut plus être dépassée par sa réintégration dans la société, dans laquelle elle survit sous une forme réifiée: elle est refusée absolument par l'affirmation extatique de la *jouissance* religieuse. La triade *Tristan-Les Maîtres chanteurs-Parsifal* suit ainsi une logique précise: *Les Maîtres chanteurs* et *Tristan* rendent compte des deux versions opposées de la matrice œdipienne à l'intérieur de laquelle *Les Maîtres chanteurs* inverse *Tristan* (le fils dérobe la femme à la figure paternelle; la passion se déclare entre la figure paternelle et la jeune femme promise au jeune homme), alors que *Parsifal* imprime aux éléments eux-mêmes un tour anti-oedipien: le sujet blessé qui se lamente est ici la figure paternelle (Amfortas), et non le jeune transgresseur (Tristan). Wagner avait pensé, dans la première partie de l'acte III de *Tristan*, faire rendre visite par Parsifal à Tristan blessé, mais il y renonça judicieusement: cette scène n'aurait pas seulement ruiné la parfaite structure d'ensemble de l'acte III, elle aurait aussi imposé la rencontre IMPOSSIBLE d'un personnage avec LUI-MÊME, comme lorsque dans les romans de science-fiction où l'on voyage dans le temps, je me rencontre MOI-MÊME. On peut même pousser ici les choses jusqu'au ridicule en imaginant LE TROISIÈME héros, Hans Sachs, rejoignant les deux premiers (dans son incarnation précédente en Roi Mark arrivant par bateau avant Isolde), de telle manière que les trois (Tristan, Mark, Parsifal), représentant les trois attitudes, puissent débattre de leurs différences dans un échange communicationnel habermassien parfaitement réussi.

La tentation est forte de soutenir que la triade *Tristan-Les Maîtres chanteurs-Parsifal* se reproduit dans trois opéras exemplaires post-wagnériens: *Salomé* de Richard Strauss, *Turandot* de Puccini et *Moïse et Aaron* de Schoenberg. *Salomé* n'est-il pas une autre issue possible à *Tristan*? Et si, à la fin de l'acte II, lorsque le roi Mark surprend les amants, il explosait de colère et exigeait la tête de Tristan? Isolde, désespérée, prendrait alors la tête de son amant dans ses bras, l'embrasserait sur les lèvres, telle Salomé et sa *Libestod*. (Permettons-nous au passage une autre variation à partir du lien virtuel entre *Salomé* et *Tristan*: et si, à la fin de *Tristan*, Isolde, tout simplement, ne mourait pas après son « Mild und leise » – et si, transportée par son immersion dans la *jouissance* extatique, et dégoûtée par cette expérience elle ne mourait pas, et si le roi Mark ordonnait: « Cette femme doit mourir! »?) Si *Salomé* est l'équivalent de *Tristan*, alors *Turandot* est l'équivalent des *Maîtres chanteurs* – n'oublions pas que ces deux opéras ont pour sujet la compétition pour une femme. Salomé, à la fin, réitère à deux reprises sa demande: elle ordonne tout d'abord aux soldats de lui livrer Jokanaan; puis, après la danse des sept voiles, elle insiste sur le fait que le roi Hérode lui apporte la tête de

Jokanaan sur un plateau d'argent – alors que le roi, convaincu que Jokanaan est véritablement un saint homme et qu'il vaut donc mieux ne pas y toucher, offre à Salomé tout ce qu'elle veut en échange de sa danse, de la moitié de son royaume aux objets les plus sacrés de sa garde, mais pas la tête (et donc la mort) de Jokanaan; elle ignore cette surenchère et répète inlassablement sa demande: « Donne-moi la tête de Jokanaan ». N'y a-t-il pas, à proprement parler, quelque chose d'Antigone dans cette requête qui est la sienne? Comme Antigone, elle maintient son exigence à tout prix. Salomé, pas moins qu'Antigone, n'incarne-t-elle pas d'une certaine manière une position éthique indiscutable? Il n'est pas étonnant qu'elle soit si attirée par Jokanaan: c'est de cette manière qu'un saint en reconnaît un autre. Et comment peut-on oublier le fait que, à la fin de la pièce d'Oscar Wilde qui a inspiré l'opéra de Strauss, elle laisse entendre de manière proprement chrétienne, après avoir baisé son front, que son acte est la preuve que l'amour est plus fort que la mort, que l'amour peut surmonter la mort?

Quel serait alors l'équivalent de *Parsifal*? *Parsifal* a été, depuis le tout début, perçu comme une œuvre totalement ambiguë: la tentative la plus haute de réaffirmer l'art, le spectacle proto-religieux rassemblant la communauté (l'art comme le médiateur entre la religion et la politique) luttant contre la corruption utilitariste de la vie moderne et sa culture commerciale kitsch – cependant, et dans le même temps, cette tentative même glissait vers le kitsch esthétique et commercial d'une pseudo-religion, une imposture comme jamais… En d'autres termes, le problème de *Parsifal* ne réside pas dans le dualisme non médiatisé de son univers (le royaume de Klingsor des faux plaisirs s'opposant au domaine sacré du Graal) mais bien dans le manque de distance, dans l'identité finale de ses oppositions: le rituel du Graal (procurant le spectacle esthétique le plus satisfaisant de l'œuvre, ses deux « plus grands succès ») n'est-il pas l'imposture « klingsorienne » ultime? (La part de mauvaise conscience dans le plaisir pris à *Parsifal* qui serait comparable à celle que nous ressentons avec Puccini?)

C'est pour cette raison que nous avons choisi *Parsifal* comme point de départ traumatique nous permettant de construire le concept de la multitude des opéras ultérieurs, en tant qu'ils lui répondent, en tant qu'ils représentent des tentatives pour résoudre son impasse. Parmi ces tentatives, assurément, il y a *Moïse et Aaron* de Schoenberg, le prétendant parfait au titre de « dernier opéra », le méta-opéra des conditions de possibilité ou d'impossibilité de l'opéra: nous pensons à la rupture brutale à la fin de l'acte II, après le désespéré « Ô wort, das mir fehlt! » de Moïse, à l'échec de l'œuvre à se poursuivre jusqu'à la fin. *Moïse et Aaron* est effectivement l'anti-*Parsifal*: alors que *Parsifal* garde une confiance entière et naïve dans le pouvoir (rédempteur) de la musique, et ne voit aucun problème à rendre compte de la dimension divine et nouménale dans le spectacle esthétique du rituel, *Moïse et Aaron*, lui, tente l'impossible: être un opéra dirigé contre le principe même de l'opéra, c'est-à-dire un spectacle musical sur scène. C'est la mise en œuvre, par l'opéra, de la représentation de l'interdit juif de la représentation esthétique.

La musique pleine d'entrain du Veau d'or n'est-elle pas la dernière version de la musique des bacchanales chez Wagner, de *Tannhäuser* à la musique des Filles Fleurs dans *Parsifal?* N'existe-t-il pas un autre parallèle clé entre *Parsifal* et *Moïse et Aaron*? Adorno l'a noté, la tension dernière du *Moïse* ne se joue pas seulement entre la transcendance divine et sa représentation dans la musique, mais aussi, de manière inhérente à la musique elle-même, entre l'esprit (choral) de la communauté religieuse et les deux individus qui se maintiennent comme sujets; de la même manière, dans *Parsifal*, Amfortas et Parsifal lui-même tiennent bon et restent énergiquement individualisés – les deux « complaintes » d'Amfortas ne sont-elles pas parmi les passages les plus forts de *Parsifal*, relativisant implicitement le message de la renonciation à la subjectivité? L'opposition musicale entre le style choral, clair, de la communauté du Graal et le chromatisme de l'univers de Klingsor dans *Parsifal* se radicalise dans *Moïse et Aaron* sous la forme de l'opposition entre la *Sprechstimme* de Moïse et le plain-chant d'Aaron: mais dans les deux cas, la tension ne se résout pas.

Que peut donc bien suivre cette démolition? C'est ici que l'on est tenté de revenir à la comédie rossinienne. Après la démolition complète de la subjectivité expressive, la comédie refait surface, mais sous une forme étrange, fantastique. Ce qui succède à *Moïse et Aaron* est la *Sprechgesang* idiotement « comique » du *Pierrot lunaire*, le sourire d'un fou, si ravagé par la douleur qu'il ne peut même plus percevoir sa condition tragique – tel le sourire d'un chat de dessins animés cerné par des oiseaux volant autour de son crâne après qu'il a été frappé sur la tête par un marteau. La comédie revient sur scène lorsque la situation est si horrible qu'elle ne peut plus être rendue par la tragédie: c'est la raison pour laquelle le seul moyen de faire un film sur les camps de concentration est d'en faire une comédie, car il y aura toujours quelque chose de faux à faire une tragédie concentrationnaire.

Wagner théoricien du fascisme

Peut-être une telle interprétation nous permet-elle aussi de jeter une nouvelle lumière sur le lien unissant *Parsifal* et le *Ring*. Le *Ring* dépeint un monde païen, lequel, suivant sa logique naturelle,

DOIT se terminer par une catastrophe universelle; mais il y a néanmoins des survivants à cette catastrophe, la foule sans nom de l'humanité qui témoigne silencieusement de l'autodestruction de Dieu. Dans la seule figure de Hagen, le *Ring* nous donne également le premier portrait de ce qui deviendra plus tard la figure du chef fasciste; cependant, puisque le monde du *Ring* est païen, pris dans le conflit des passions de la famille œdipienne, il ne peut même pas formuler le vrai problème de l'organisation de cette humanité dans son rapport à la force du Nouveau, à l'apprentissage nécessaire de la vérité de sa localisation; c'est CELA la tâche de *Parsifal* qui, logiquement, suit le *Ring*. Le conflit entre les dynamiques œdipiennes et l'univers post-oedipien est inscrit dans *Parsifal* lui-même: les aventures de Klingsor et de Amfortas sont œdipiennes, et ce qui arrive avec le grand retournement de Parsifal (son rejet de Kundry), c'est précisément son abandon de l'érotisme œdipien incestueux au profit de son ouverture à une nouvelle communauté.

La figure sombre de Hagen est profondément ambiguë: bien que dépeint au début comme un sombre conspirateur, à la fois dans les *Nibelungenlied* et dans le film de Fritz Lang, il fait figure de héros ultime de l'œuvre entière et est rédimé à la fin comme exemple suprême de la *Nibelungentreue*, la fidélité jusqu'à la mort à la cause (ou, plutôt, au Maître représentant cette cause) affirmée dans la tuerie finale à la cour d'Attila. Le conflit oppose ici la fidélité au Maître et nos obligations morales quotidiennes : Hagen représente une sorte de suspension téléologique de la moralité en faveur de la fidélité, il est le dernier « *Gefolgsmann* ».

Il est significatif que ce soit Wagner SEUL qui fasse de Hagen une incarnation du Mal : n'est-ce pas un indice de l'appartenance de Wagner à l'espace moderne de la liberté ? Et le retour de Lang à un Hagen positif n'est-il pas un signe de la manière dont le XXe siècle enregistre le surgissement d'une nouvelle barbarie ? Ce fut le génie de Wagner d'avoir eu l'intuition, en avance sur son temps, de la figure émergente du cadre fasciste impitoyable se doublant du démagogue qui cherche à soulever les masses (on se souvient du terrifiant *Maennerruf* de Hagen) – une mention particulière, aussi, à son autre grande intuition, celle de la femme hystérique (Kundry), bien avant que cette figure ne submerge la conscience européenne (dans la clinique de Charcot, dans l'art, de Ibsen à Schoenberg).

Ce qui fait de Hagen un « proto-fasciste », c'est son rôle d'adjuvant inconditionnel du faible souverain (le roi Gunther) : pour Gunther, il accomplit les « basses tâches » qui, quoique devant être faites, doivent aussi rester éloignées du regard du public : « Unsere Ehre heisst treue ». On trouve cette attitude portée à sa plus pure expression, sorte de miroir inverse de la Belle Âme qui refuse de se salir les mains, dans l'admiration droitière pour les héros prêts aux nécessaires basses œuvres: il est facile d'accomplir une action noble pour son pays, jusqu'à donner sa vie pour elle, mais il est beaucoup plus difficile de commettre un crime pour son pays quand il le faut absolument. Hitler sut parfaitement jouer de ce double jeu à propos de l'Holocauste, en utilisant Himmler comme un Hagen. Dans le discours aux dirigeants SS à Posen le 4 octobre 1943, Himmler parla assez ouvertement de la destruction massive des Juifs comme d'« une page glorieuse de notre histoire, qui n'a jamais été écrite et ne pourra jamais l'être », mentionnant de façon explicite l'assassinat des femmes et des enfants: « Je ne me sentirais pas le droit d'exterminer les hommes – à savoir les tuer ou les faire tuer – tout en permettant à leurs enfants de les venger sur nos fils ou nos petits-fils. Il a fallu prendre la difficile décision de voir ce peuple disparaître à jamais de la terre. »

Voici la « treue » (fidélité) de Hagen poussée à l'extrême: mais le prix paradoxal à payer pour ce portrait négatif de Hagen chez Wagner n'était-il pas sa *Judifizierung* (judéification)? De nombreux travaux historicistes récents ont tenté de mettre au jour les « significations » contextuelles des figures et des thèmes wagnériens: le faible Hagen est en réalité un Juif honteux; la blessure d'Amfortas est en réalité la syphilis. L'idée est que Wagner mobilise des codes historiques connus de tous à son époque.

Lorsqu'une personne trébuchait, qu'elle chantait de manière très aiguë, qu'elle faisait des gestes de nervosité, etc., « tout le monde savait » qu'il s'agissait d'un Juif, et dès lors, Mime, dans *Siegfried*, est la caricature du Juif; la peur de la syphilis, représentant la maladie que l'on contractait pour avoir eu des rapports avec une femme « impure », était une obsession dans la seconde moitié du XIXe siècle, aussi était-il « évident pour tout le monde » qu'Amfortas avait effectivement attrapé la syphilis avec Kundry. Mark Weiner a conduit l'analyse la plus nette de ce décodage en s'attardant sur la microtexture des drames wagnériens – façons de chanter, gestes, odeurs –, et c'est à ce niveau, celui des affects pré-subjectifs aurait dit Deleuze, que l'antisémitisme opérait dans les opéras de Wagner, même si les Juifs ne sont pas explicitement présents: à la façon dont chante Beckmesser, ou dont Mime se lamente.

Marxisme contre historicisme

Cependant, le premier problème qui apparaît ici est que même si elles sont pertinentes, de telles intuitions ne contribuent pas à une juste connaissance de l'œuvre en question. On entend souvent dire que pour comprendre une œuvre d'art il faut connaître son contexte historique. Contre ce lieu commun historiciste, on peut affirmer que trop d'éclairage historique peut réduire le contact avec une œuvre d'art et que pour capter exactement, disons *Parsifal*, il faut faire abstraction des banales considérations historiques, il faut décontextualiser l'œuvre, l'arracher du contexte dans lequel elle s'est à l'origine inscrite. Bien plus, c'est l'œuvre d'art elle-même qui fournit un contexte nous permettant de saisir avec exactitude une situation historique donnée. Si quelqu'un voyage aujourd'hui en Serbie, un contact direct avec les faits bruts risque de le maintenir dans une certaine ignorance. Si, au contraire, il lit quelques textes littéraires ou voit quelques films représentatifs, ceux-ci lui permettront d'éclairer les faits bruts dont il aura fait l'expérience. Il existe ainsi une vérité inattendue dans ce précepte cynique de l'Union soviétique stalinienne: « il ment comme un témoin oculaire! »

Une telle interprétation historiciste pose un autre problème, plus grave: il ne suffit pas de « décoder » Alberich, Mime, Hagen, etc., comme étant Juifs, pour affirmer que le *Ring* est un vaste traité antisémite, l'histoire de la façon dont les Juifs, en renonçant à l'amour et en optant pour le pouvoir, ont corrompu l'univers entier; il est plus important de dire que la figure antisémite du Juif n'est pas le référent ultime et direct de l'opéra, mais qu'elle est elle-même déjà codée, un cryptage d'antagonismes idéologiques et sociaux. (Il en va de même pour la syphilis: dans la seconde moitié du XIXe siècle, elle était, avec la tuberculose, l'autre grand cas de « maladie comme métaphore » (Susan Sontag), servant de message crypté pour exprimer des antagonismes sociaux et sexuels, et c'est la raison pour laquelle on en faisait une obsession – moins par la menace réelle qu'elle représentait que pour son surplus idéologique...) Une lecture juste de Wagner devrait prendre cette idée en compte et ne pas simplement voir en Alberich la figure du Juif, mais se poser la question de savoir de quelle façon le code de Wagner renvoie à l'antagonisme social « originel » dans le cadre duquel le « Juif » (la figure antisémite du Juif) est lui-même un code.

Un autre contre-argument est que Siegfried, l'opposant de Mime, n'est pas seulement le beau héros aryen et blond mais une figure beaucoup plus ambiguë. La courte dernière scène du premier acte du *Crépuscule des dieux* (Siegfried s'écartant brutalement de Brunehilde; sous la protection de Tarnhelm, Siegfried prétendant être Gunther) se présente comme un interlude d'une extrême violence, d'une puissance cauchemardesque et quasi fantastique. Et ce qui rend cette scène encore plus intéressante est qu'elle constitue aussi l'une des grandes incohérences du *Ring*: pourquoi donc Siegfried, après avoir brutalement soumis Brunehilde, met-il son épée entre eux, une fois allongés, pour affirmer qu'ils ne feront pas l'amour, en disant qu'il s'est contenté de rendre service à son ami, le faible roi Gunther? À qui doit-il prouver cela? Brunehilde n'est-elle pas censée penser qu'il est

Gunther? Avant sa soumission, Brunehilde avait tendu à Siegfried masqué sa main revêtue de l'anneau, affirmant qu'il le protégerait; le geste de Siegfried arrachant violemment l'anneau de sa main doit être lu comme la répétition du premier vol extrêmement brutal de l'anneau à la scène IV de *L'Or du Rhin*, quand Wotan enlève l'anneau de la main d'Alberich. La puissance de cette scène-là tient au fait qu'elle montre clairement, et dans toute sa nudité, la brutalité de Siegfried: d'une certaine manière, elle « dépsychologise » Siegfried, rend visible sa monstruosité inhumaine, c'est-à-dire ce qu'il « est vraiment », une fois ôté son masque: voilà quel est, sur lui, l'effet de la potion.

Il y a effectivement dans le *Siegfried* de Wagner une agressivité débridée et « innocente », un besoin irrépressible de passer à l'acte et d'en finir avec ce qui énerve, comme l'exprime son discours à Mime au premier acte de *Siegfried*: « Lorsque je te vois debout/traînant et traînassant/t'inclinant servilement, louchant et clignant des yeux/j'ai envie de te saisir par ton cou noueux/pour en finir avec tes clignements d'yeux. » (Les sonorités de l'original allemand sont en effet très expressives: « seh'ich dich stehn, gangeln und gehn/knicken und nicken/mit den Augen Zwicken/beim Genick möcht'ich den Nicker packen/den Garaus geben dem garst gen Zwicker! ») La même sortie est reprise deux fois au deuxième acte: « Das eklige Nicken/und Augenzwicken/wann enclich soll ich's/nicht mehr sehn/wan werd ich den Albernen los? » « Cet homme traînant furtivement/clignant des yeux, combien de temps encore devrais-je endurer sa vue?/ Quand serais-je débarrassé de ce fou? », et juste un peu plus loin : « Grade so garstig/Griesig und grau/klein und krumm/höckrieg und hikend/mit hängenden Ohren/triefigen Augen/Fort mit dem Alb!/ Ich mag ihn nicht mehr sehn. », « traînant furtivement, geignant et grisonnant/petit et estropié/tordu et bossu/les oreilles pendantes, les yeux chassieux.../ loin de moi ce petit diable! J'espère qu'il est parti pour de bon! » N'est-ce pas là la répulsion élémentaire éprouvée par le moi lorsqu'il est confronté à l'invasion d'un corps étranger? On peut aisément imaginer que c'est ce que cracherait un néo-nazi à la face d'un *Gastarbeiter* turc éreinté.

En fin de compte, il ne faut pas oublier que, dans le *Ring*, l'origine de tout le mal n'est pas le choix fatal d'Alberich à la première scène de *L'Or du Rhin*: bien avant cet événement, Wotan avait brisé l'équilibre naturel en succombant à l'appel du pouvoir, le préférant à l'amour – il avait lacéré et détruit l'arbre-monde pour en faire sa lance, sur laquelle il avait inscrit les runes établissant les lois de sa règle et il s'était en outre arraché un œil afin de mieux voir la vérité intérieure. Le mal ne vient donc pas de l'Extérieur – la profondeur du tragique « Monologue de Wotan avec Brunhilde » à l'acte II de *La Walkyrie* vient du fait que le pouvoir d'Alberich et la quête de « la fin du monde » relèvent, en dernière analyse, de la propre faute de Wotan, est le résultat de sa défaite éthique –, en langage hégélien, l'opposition externe est l'effet d'une contradiction interne. Pas étonnant, dès lors, que Wotan soit surnommé l'« Aube blanche », par contraste avec l'« Aube noire » Alberich : car le choix de Wotan était, sur le plan éthique, pire que celui d'Alberich. Alberich désirait l'amour, et s'il s'est finalement tourné du côté du pouvoir, c'est après qu'il eut été méprisé et défait par les filles du Rhin, alors que Wotan a choisi de nouveau le pouvoir après avoir pleinement joui des plaisirs de l'amour et s'en être lassé. Il faut aussi se souvenir qu'après sa défaite morale dans *La Walkyrie*, Wotan devient un « Wanderer », une figure du Juif errant comme l'était déjà le premier grand héros wagnérien, le Hollandais volant, cet « Ahasver des Ozeans ».

Il en va de même de *Parsifal* qui ne traite pas d'une élite au sang pur menacée par la contamination externe (apportée par la Juive Kundry). L'image est doublement complexe : tout d'abord, Klingsor, le méchant magicien et Maître de Kundry, est lui-même un ex-chevalier du Graal, et vient donc de l'intérieur ; deuxièmement, si l'on regarde le texte de près, on ne peut pas ne pas conclure que la vraie source du mal, le déséquilibre primordial qui a déréglé la communauté du Graal, réside en son centre ; c'est la fixation excessive de Titurel sur le Graal alors que celui-ci est à l'origine de son malheur. La vraie figure du mal, c'est Titurel, ce *père jouisseur* obscène (comparable peut-être aux membres de la guilde de l'espace dans *Dune* de Frank Herbert, dont les corps ont l'air d'énormes vers de terre horriblement déformés du fait de leur consommation excessive d'« épice »).

Tout cela relativise ainsi la perspective antisémite selon laquelle le désordre provient toujours, en dernière analyse, de l'extérieur, sous la forme d'un corps étranger qui fait sortir de leurs gonds les rouages de l'organisme social: pour Wagner, l'intrus qui vient de l'extérieur (Alberich) est simplement la répétition secondaire, l'externalisation de l'incohérence absolument immanente de Wotan et de l'antagonisme qu'il représente. En parodiant la fameuse phrase de Brecht « qu'est-ce qu'un cambriolage de banque comparé à la création d'une nouvelle banque? » [2], on serait tenté de dire: « qu'est-ce que représente le vol de l'or par un pauvre Juif comparé à la violence de l'aryen (Wotan) établissant la loi? »

L'un des signes de cette forme inhérente du désordre est l'échec des grands finales dans les opéras de Wagner: l'échec formel, dans ces cas-là, signale le maintien de l'antagonisme social. Prenons le plus grand d'entre eux, le père de tous les finales, celui du *Crépuscule des dieux*. Il est bien connu que dans les dernières minutes du *Crépuscule*, l'orchestre joue un entremêlement de motifs qui

2. Bertolt Brecht, *Die Gedichte in einem Band*, Francfort, Suhrkamp, 1999, p. 1005.

n'est rien moins que la récapitulation de la variété symphonique de l'ensemble du *Ring* – et ce fait n'est-il pas la meilleure preuve que même Wagner ne savait pas exactement ce que signifiait l'apothéose finale du *Ring*? Et ne le sachant pas, il accomplit une sorte de survol arrière et rassemble tous ses motifs. Ainsi le motif culminant de la « Rédemption par l'amour » (une ligne mélodique splendide et passionnée qui était apparue une fois seulement, à l'acte III de *La Walkyrie*) ne peut-il pas ne pas nous faire penser à la réflexion acerbe de Joseph Kerman à propos des dernières notes de la *Tosca* de Puccini, quand l'orchestre récapitule de façon emphatique la « belle » et pathétique ligne mélodique du « E lucevan le stelle » de Cavaradossi, comme si, incertain de ce qu'il devait faire, Puccini se contentait de reprendre la mélodie la plus efficace de toute la partition, au mépris de toute logique émotionnelle ou narrative [3]. Et si Wagner avait fait exactement la même chose à la fin du *Crépuscule*? Incertain de l'inclinaison finale devant stabiliser l'ensemble et garantir sa signification, il a eu recours à un air magnifique dont l'effet est en gros d'exprimer que « quel que soit le sens de tout cela, faisons en sorte que l'impression finale ait quelque chose de triomphal et martèle l'idée d'une beauté rédemptrice ». Bref, et si ce motif final n'était qu'un geste vide?

3. Joseph Kerman, *Opera as Drama*, Berkeley, University of California Press, 1988.

L'amour et ses vicissitudes

Un lieu commun des études wagnériennes établit que le finale triomphal de *L'Or du Rhin* est un leurre, un triomphe vide indiquant la fragilité du pouvoir des dieux et leur chute à venir ; mais cela vaut-il aussi pour le finale de *Siegfried* ? Le duo sublime de Brunhilde et de Siegfried qui conclut l'opéra intervient quelques minutes avant la fin, avec l'entrée du motif annonçant la réunion triomphale du couple (que l'on désigne généralement comme le motif de « l'amour heureux » ou du « lien amoureux ») : ce motif est de toute évidence un leurre (sans parler de l'échec lamentable du *tutti* conclusif de l'orchestre, emphatique et bruyant, qui n'a pas l'efficacité de l'entrée des dieux dans le Walhalla dans *L'Or du Rhin*). Cet échec dénote-t-il la critique (inconsciente ?) de Wagner à l'égard de Siegfried ? Rappelons ce fait curieux que ce motif est presque le même que celui du Beckmesser dans *Les Maîtres chanteurs*, très proche en tout cas [4] ! Peut-on aller plus loin et dire que le ratage

4. Je dois à Gerhard Koch l'information que l'acte III de *Siegfried* a été écrit juste après *Les Maîtres chanteurs*.

Ce duo d'amour est aussi un souvenir de Verdi chez Wagner (le plus connu d'entre eux étant le trio qui conclut l'acte III du *Crépuscule des dieux*, à propos duquel Bernard Shaw avait déjà remarqué qu'il sonnait comme le trio des conspirateurs dans *Un ballo in maschera*) : Gutman en a fait un adieu à la musique dramatique, et une avancée vers la « visée redécouverte et définitive du grand opéra » (Robert Gutman, *Richard Wagner*, New York, 1968, p. 299).

emphatique et vide des dernières notes signale aussi la catastrophe à venir de l'amour de Brunhilde et de Siegfried? Vu ainsi, l'« échec » du duo est une nécessité structurelle. (On doit néanmoins lire de près la structure ternaire inhérente à ce duo: toute sa dynamique est du côté de Brunhilde qui change par deux fois d'attitude subjective tandis que Siegfried reste le même. La première fois, depuis sa posture divine, Brunhilde affirme avec joie son amour pour Siegfried; puis, une fois qu'elle sait ce que signifient les avances passionnées de Siegfried – la perte de sa posture distanciée et sécurisante – elle exprime la crainte de perdre son identité, d'être ravalée au rang de mortelle vulnérable, proie de l'homme et victime passive. En une métaphore magnifique, elle se compare à une belle image dans l'eau qui s'estompe lorsque la main de l'homme la touche et trouble l'eau. À la fin, elle s'abandonne aux avances passionnées de Siegfried et se jette elle-même dans le tourbillon.) Cependant, à l'exception des dernières notes, l'acte III de *Siegfried*, au moins à partir du moment où Siegfried brise la lance de Wotan jusqu'au réveil de Brunehilde, cet acte n'est pas seulement d'une beauté presque insoutenable, il est aussi l'expression essentielle de la problématique œdipienne dans son interprétation wagnérienne.

En route vers la montagne magique où réside Brunehilde, entourée par un mur de flammes qui ne peut être franchi que par un héros insensible à la peur, Siegfried rencontre d'abord Wotan, le dieu suprême déposé (qui a abdiqué plutôt), déguisé en vagabond ; Wotan essaie de l'arrêter, mais de façon ambiguë : en fait, il veut que Siegfried brise sa lance. Une fois que, sans le moindre respect, Siegfried l'a fait, plein de mépris (dans son ignorance) pour le vieil homme sage et amer, il avance dans les flammes et aperçoit une magnifique créature couchée là dans un profond sommeil. Pensant que le bouclier armorié sur la poitrine de la créature explique sa difficulté à respirer, il s'emploie à en couper les bretelles avec son épée ; puis il élève le bouclier et voit les seins de Brunhilde : il profère alors un cri désespéré de surprise : « *Das ist kein Mann!!* Ce n'est pas un homme ». Sa réaction nous paraît comique, plus exagérée que crédible. Mais plusieurs choses méritent ici d'être notées. La première : l'histoire de *Siegfried*, jusqu'à cet instant, c'est l'histoire d'une jeunesse passée dans la forêt, avec pour seule compagnie le méchant nain Mime qui déclare être son seul parent, père et mère ; Siegfried n'a jamais observé le fait que, chez les animaux, les parents sont toujours un couple, et a ainsi toujours cherché à voir sa mère, la contrepartie féminine de Mime. La quête de la femme chez Siegfried est ainsi une quête de la différence sexuelle, et le fait que cette quête soit en même temps une quête de la peur, d'une expérience qui lui enseignerait ce qu'est la peur, fait clairement signe en direction de la castration, certes d'une façon un peu particulière. Dans le paradigme freudien de la scène de castration (dans ce court texte tardif sur le « fétichisme »), le regard découvre une absence là où il attend une présence (du pénis), alors qu'ici, le regard de Siegfried découvre une présence en excès (des seins: et faut-il ajouter que la soprano wagnérienne type est plantureuse, avec de gros seins, et que le « Das ist kein Mann! » de Siegfried déclenche généralement un grand rire dans le public?) [5]

La deuxième chose, c'est une apparente incohérence dans le livret dont la lecture attentive permet une bonne compréhension de cette scène: pourquoi Siegfried est-il si surpris de ne pas rencontrer un homme alors qu'auparavant, il avait insisté sur le fait qu'il voulait franchir le feu afin précisément de trouver une femme derrière? Au vagabond il dit: « Allons, laisse-moi passer car ce chemin, je le sais, conduit à la femme qui dort. » Et quelques minutes plus tard: « Écarte-toi, mendiant! Je dois passer, dans le cœur brûlant du brasier, pour aller vers Brunhilde! » De tout cela, on tire la seule conclusion possible: puisque Siegfried cherchait effectivement une femme, il ne s'attendait pas à ce qu'elle ne soit pas comme un homme. Bref, il cherchait une femme qui aurait été non pas semblable, mais comme un supplément

5. Comme s'il se référait à cette scène, Jacques-Alain Miller a naguère proposé une expérimentation mentale, énumérant d'autres opérateurs possibles de différenciation sexuelle qui pourraient remplacer la présence/absence du pénis: il mentionne la présence/absence des seins.

symétrique de l'homme, avec laquelle il aurait formé une dyade harmonieuse, alors que ce qu'il a découvert, c'est un manque/excès insoutenable. Ce qu'il a découvert, c'est l'excès/manque qui n'est pas recouvert par la dualité, c'est-à-dire le fait que la Femme et l'Homme ne sont pas complémentaires, mais asymétriques, qu'il n'y a pas d'harmonie entre le yin et le yang, bref, qu'il n'y a pas de rapport sexuel.

Pas étonnant, donc, que la découverte par Siegfried que Brunehilde n'est « pas un homme » donne lieu à l'explosion d'une vraie panique, accompagnée d'une perte de réalité, où Siegfried se tourne vers sa mère (inconnue) : « Ce n'est pas un homme ! Un coup fulgurant perce mon cœur ; une angoisse brûlante emplit mes yeux ; mes sens se troublent ! Qui pourrais-je appeler à mon secours ? Mère, mère ! Pense à moi ! » Il rassemble alors ses forces et décide d'embrasser la femme endormie sur les lèvres, même si cela doit entraîner sa propre mort : « Alors je vais aspirer la vie de ces lèvres si tendres, même si cela doit me faire mourir ». Ce qui suit, c'est le réveil grandiose de Brunehilde puis le duo d'amour qui conclut l'opéra. Il est décisif de noter que cette acceptation de la mort comme prix à payer pour accéder à l'Autre féminin est musicalement accompagnée par l'écho du motif connu sous le nom de « renoncement », qu'on peut reconnaître comme le leitmotiv le plus important de toute la tétralogie. On l'entend une première fois dans la scène I de *L'Or du Rhin* lorsque, répondant à l'interrogation d'Alberich, Woglinde révèle que « nur wer der Minne Macht versagt/seul celui qui renonce au pouvoir de l'amour » peut posséder l'or; son retour ultérieur le plus notable intervient vers la fin de l'acte I de *La Walkyrie*, au moment de l'affirmation la plus éclatante de l'amour entre Sieglinde et Siegmund – juste avant qu'il n'arrache l'épée du tronc d'arbre, Siegmund le chante en ces mots: « Heiligster Minne höchster Not/la haute nécessité de l'amour sacré ». Comment faut-il lire ces deux occurrences ensemble? Pourquoi ne pas y voir deux fragments d'une même phrase qui aurait été transformée par le « travail du rêve », rendue illisible d'avoir été coupée en deux – la solution est alors de reconstituer la proposition complète: « La plus haute nécessité de l'amour est de renoncer à son propre pouvoir ». C'est ce que Lacan appelle « castration symbolique »: pour rester fidèle à son amour, il ne faut pas l'inclure dans la sphère de son amour, il faut renoncer à sa centralité. Peut-être un détour par le meilleur (ou le pire) mélodrame d'Hollywood, *Rhapsodie* de King Vidor, peut-il nous aider à éclairer cet aspect. La leçon principale de ce film, c'est que, pour gagner l'amour de la femme aimée, l'homme doit prouver qu'il est capable de vivre sans elle, qu'il lui préfère sa mission ou sa profession. Un choix se présente d'emblée: ma carrière professionnelle est ce qui m'importe le plus, la femme est juste un amusement, une liaison distrayante; la femme est tout pour moi, je suis prêt à m'humilier, à renoncer à ma dignité publique et professionnelle pour elle. Les deux solutions sont mauvaises et conduisent l'homme à être rejeté par la femme. Le message de l'amour vrai est alors le suivant: même si tu es tout pour moi, je peux te survivre, je suis prêt à renoncer à toi pour accomplir ma mission ou ma profession. La meilleure manière pour la femme d'éprouver l'amour de l'homme est ainsi de le « trahir » au moment crucial de sa carrière (le premier concert en public dans le film, l'examen clé, les négociations qui vont décider de sa carrière) – et c'est seulement s'il peut survivre à l'épreuve et accomplir sa tâche avec succès, bien que profondément traumatisé par cette désertion, qu'il la méritera et qu'elle reviendra à ses côtés. Le paradoxe sous-jacent est que l'amour, précisément en tant qu'absolu, ne doit pas être considéré comme un but direct, il doit conserver le statut donné par le hasard, de quelque chose qui advient comme une grâce non méritée. Peut-être n'y a-t-il pas de plus grand amour que celui d'un couple de révolutionnaires, quand chacun des deux amants est prêt à abandonner l'autre à n'importe quel moment si la révolution le réclame.

Qu'arrive-t-il, donc, quand Siegfried embrasse Brunhilde endormie, qui rende nécessaire que ce geste soit accompagné du motif du renoncement?

Ce que dit Siegfried est qu'il embrassera Brunhilde « même si cela doit me faire mourir »: atteindre le Sexe de l'Autre implique d'accepter sa propre mortalité. Rappelons ici un autre sublime moment du *Ring*; à l'acte II de *La Walkyrie*, Siegmund renonce littéralement à l'immortalité. Il préfère rester un simple mortel si sa Sieglinde bien-aimée ne peut pas le suivre dans le Walhalla, le séjour éternel des héros morts: n'est-ce pas le geste éthique par excellence? Consternée, Brunhilde commente ainsi son refus: « Tu accordes aussi peu de prix à la félicité éternelle? Est-elle tout pour toi, cette pauvre femme qui, fatiguée et malheureuse, gît mollement sur tes genoux? Y a-t-il quelque chose de moins glorieux? » Ernst Bloch avait raison de dire que ce qui manquait à l'histoire allemande, c'était plus de gestes comme celui de Siegmund.

Mais à quel amour renonce-t-on ici? Pour le dire nettement: à l'amour incestueux avec la mère. Le héros « sans peur » n'est sans peur que dans la mesure où il s'éprouve lui-même comme protégé par sa mère, par son enveloppe maternelle: ce qu'« apprendre la peur » signifie effectivement, c'est d'apprendre que l'on s'expose dans le monde sans la protection maternelle. Il est essentiel de lire cette scène en relation avec la scène de *Parsifal* où Kundry donne un baiser à Parsifal: dans les deux cas, un héros innocent découvre la peur et/ou la souffrance par un baiser qui a quelque chose à la fois de maternel et de proprement féminin. Jusqu'à la fin du XIXe siècle, on pratiquait au Monténégro un étrange rituel de nuit de noces: la nuit qui suivait le mariage, le fils allait au lit avec sa mère et, une fois endormi, sa mère se retirait en silence et laissait l'épouse prendre sa place: après avoir passé le reste de la nuit avec sa nouvelle épouse, le fils devait fuir le village vers la montagne et y passer deux jours, pour s'habituer à la honte d'être marié; n'est-ce pas quelque chose de comparable qui arrive à Siegfried? Mais la différence entre *Siegfried* et *Parsifal* est que dans le premier cas, la femme est acceptée, tandis que dans le second elle est rejetée. Cela ne veut pas dire que la dimension féminine disparaît dans *Parsifal* et que l'on reste à l'intérieur de la communauté mâle homo-érotique du Graal. Syberberg avait raison de remplacer Parsifal le jeune homme, après que celui-ci eut rejeté Kundry une fois embrassée, « le dernier baiser de la mère et le premier baiser de la femme », par un autre acteur, une jeune femme réfrigérante, parce qu'il mettait ainsi en évidence l'intuition freudienne selon laquelle l'identification radicale est identification avec l'objet libidinal perdu (ou rejeté). Nous devenons (nous nous identifions à) l'objet dont nous avons été privés, de telle façon que notre identité subjective est un reposoir des traces de nos objets perdus.

Parsifal, *pièce d'apprentissage*

Est-ce pour autant la seule conclusion? Et si *Parsifal* disait aussi autre chose, par exemple l'émergence d'un nouveau collectif? Si *Tristan* met en œuvre la rédemption sous la forme de la fuite suicidaire et heureuse loin de l'ordre social, et *Les Maîtres chanteurs* l'intégration résignée dans l'ordre social existant, alors *Parsifal* se conclut par l'invention d'un nouvel ordre social. Avec le « Révèle le Graal! » (« Enthüllt den Graal! »), on passe de la communauté du Graal comme ordre forclos où le Graal est seulement montré, à un moment précis du rituel, au cercle des initiés, à un ordre nouveau où le Graal doit rester tout le temps exposé: « Le temple ne doit plus être scellé! » (« Nicht soll der mehr verschlossen sein! »). Pour les conséquences révolutionnaires de ce changement, pensons au destin des figures de maîtres dans la trilogie *Tristan-Maîtres-chanteurs-Parsifal* (le roi Mark, Hans Sachs, Amfortas): dans les deux premières œuvres, le maître survit comme figure mélancolique et triste; dans la troisième, il est déposé et meurt.

Pourquoi, alors, ne pas lire *Parsifal* depuis un point de vue contemporain? Le royaume de Klingsor à l'acte II est le domaine de la fantasmagorie digitale, de l'amusement virtuel: Harry Kupfer a eu raison de mettre en scène le jardin merveilleux de Klingsor au moyen d'une vidéo, avec les Filles Fleurs réduites à des fragments de corps féminins (visages, jambes...) apparaissant sur de multiples écrans de télévision. Klingsor ne représente-t-il pas une sorte de maître de la Matrice, manipulant une réalité virtuelle, combinaison de Murdoch et de Bill Gates? Et en passant de l'acte II à l'acte III, ne passons-nous pas effectivement d'une réalité virtuelle leurrante au « désert du réel », la « terre vaine » de l'après-catastrophe écologique qui a déréglé le fonctionnement « normal » de la nature? Parsifal n'est-il pas un modèle pour Keanu Reeves dans *Matrix*, avec Samuel Jackson dans le rôle de Gurnemanz?

On est ainsi tenté d'offrir une réponse directe et « vulgaire » à la question: que diable Parsifal a-t-il fait durant le long moment qui sépare l'acte II de l'acte III? Que le vrai « Graal », c'est le peuple, sa souffrance. Et s'il s'était tout simplement familiarisé avec la misère humaine, la souffrance et l'exploitation? Et si, donc, le nouveau collectif était quelque chose comme un parti révolutionnaire, pourquoi ne pas prendre le risque de lire *Parsifal* comme la préfiguration des *Lehrstücke* de Brecht, en voyant dans le thème du sacrifice une allusion à *Die Massnahme* de Brecht, mis en musique par Hans Eisler, le troisième grand élève de Schœnberg, après Berg et Webern? Le thème de l'apprentissage n'est-il pas commun à *Parsifal* et à *Die Massnahme*? Le héros doit apprendre comment aider les gens qui souffrent. L'enjeu est cependant différent: chez Wagner, c'est la compassion, tandis que chez

Brecht/Eisler il s'agit de ne pas se laisser aller à la compassion et d'agir directement. Mais cette opposition reste relative: le motif partagé est celui d'une compassion froide, à distance. La leçon de Brecht est l'art de la compassion froide, une compassion devant la souffrance qui apprend à résister au besoin urgent d'aider les autres; la leçon de Wagner est aussi la froide compassion, l'attitude distancée du saint (rappelons la jeune fille réfrigérante en laquelle se transforme Parsifal dans la version de Syberberg), qui néanmoins repose sur la compassion. La leçon de Wagner (et l'intuition de Wotan) disant que le plus grand acte de liberté est d'accepter et de mettre en œuvre librement ce qui doit nécessairement arriver, trouve un étrange écho dans la leçon fondamentale des *Lehrstücke* de Brecht (pièces pour apprendre): ce que doit apprendre le jeune homme qui sera tué par ses camarades est l'art de l'*Einverständnis*, de l'acceptation de sa propre mort qui, de toute façon, arrivera.

Et qu'en est-il de la misogynie qui, de toute évidence, sous-tend ce choix? *Parsifal* ne nie-t-il pas les présupposés des deux premières œuvres, leur affirmation de l'amour (l'amour courtois et heureux, l'amour conjugal), en choisissant une communauté exclusivement masculine? Mais et si, là encore, Syberberg avait eu raison? Et si, après le baiser de Kundry, dans un vrai rejet de la féminité (hystérique-séductrice), Parsifal devenait une femme, adoptait une position subjective féminine? Et si le résultat effectif était une communauté « radicale », conduite par une femme impitoyablement froide, une nouvelle Jeanne d'Arc?

Et qu'en est-il de l'idée selon laquelle la communauté du Graal serait un cercle initiatique fermé et élitiste? L'injonction finale de Parsifal, sommant de révéler le Graal, relativise la fausse alternative entre élitisme et populisme: tout vrai élitisme est universel, adressé à tous et à chacun, et il y a quelque chose d'éminemment populaire dans les sagesses initiatiques, secrètes, gnostiques. Un regret courant chez les nombreux amateurs de *Parsifal*: c'est un opéra splendide, plein de passages d'une beauté à couper le souffle, mais les deux longs récits de Gurnemanz (qui occupent la plus grande moitié des actes I et III) sont, néanmoins, du plus mauvais Wagner: un récapitulatif ennuyeux des hauts faits passés, déjà connus de nous, manquant de tension dramatique. La lecture « communiste » que nous proposons de *Parsifal* inclut une complète réhabilitation de ces deux récits, comme moments cruciaux de l'opéra: le fait qu'ils puissent paraître ennuyeux peut se comprendre à la lumière d'un court poème de Brecht datant du début des années 1950, adressé à un travailleur anonyme de la RDA qui, après de longues heures de travail, est forcé d'écouter un discours politique ennuyeux professé par un fonctionnaire local du parti: « Tu es épuisé par un long travail/L'orateur se répète/Son discours est filandreux, il parle en traînant. N'oublie pas, le fatigué:/ Il dit la vérité. » C'est le rôle de Gurnemanz d'être ni plus ni moins l'agent – et, pourquoi pas, le truchement – de la vérité. Dans ce cas précis, le prédicat « ennuyeux » est un indicateur, et même un vecteur, de vérité qui s'oppose à la complexité perturbante des plaisanteries et des amusements superficiels. (Il y a bien sûr une autre dimension, et cela Brecht le savait bien, qui fait que la dialectique est en elle-même profondément comique.)

Et que dire de l'appel final du chœur « Rédime le Rédempteur! », que certains lisent comme une proposition antisémite « rédime, sauve le Christ des griffes de la tradition juive, désémitise-le »? Mais pourquoi ne pas lire plus littéralement cette phrase, en voyant comment elle fait écho à une autre proposition tautologique du finale, « la blessure ne peut être soignée que par la lance qui l'a portée » (die Wunde schliesst der Speer nur, der sie schlug »)? N'est-ce pas le paradoxe majeur de tout processus révolutionnaire que non seulement la violence soit nécessaire pour dépasser la violence existante, mais encore que la révolution, afin de se stabiliser elle-même dans un Ordre Nouveau, doive dévorer ses propres enfants?

Alors, Wagner, proto-fasciste? Laissons derrière nous la recherche d'éléments proto-fascistes chez Wagner pour réinscrire plutôt, par un geste violent d'appropriation, le finale de *Parsifal* dans la tradition de l'émergence magique des partis radicaux révolutionnaires.

table

Champs essais

DROIT
ÉCONOMIE
SCIENCES POLITIQUES

BECK Ulrich

Pouvoir et contre-pouvoir à l'ère de la mondialisation.

CAHUC Pierre - ZYLBERBERG André

Le chômage, fatalité ou nécessité ?

CARBONNIER Jean

Droit et passion du droit.

CHAGNOLLAUD Dominique - QUERMONNE Jean-Louis

La Ve République.

COHEN Daniel

Nos temps modernes.

Richesse du monde, pauvretés des nations.

DE SOTO Hernando

Le mystère du capital.

DIECKHOFF Alain

La nation dans tous ses états. Les identités nationales en mouvement.

EDELMAN Bernard

Le droit saisi par la photographie *suivi de* Le personnage et son double, La rue et le droit d'auteur, L'œil du droit : nature et droit d'auteur.

ENCEL Frédéric

Géopolitique de l'apocalypse. La démocratie à l'épreuve de l'islamisme.

Géopolitique de Jérusalem.

Le Moyen-Orient entre guerre et paix. Une géopolitique du Golan.

ENCEL Frédéric - GUEZ Olivier

La grande alliance. De la Tchétchénie à l'Irak : un nouvel ordre mondial.

GADREY Jean

Nouvelle économie, nouveau mythe ? *suivi de* Que reste-t-il de la nouvelle économie ?

GAZIER Bernard

Vers un nouveau modèle social.

GAZIER Bernard - AUER Peter

L'introuvable sécurité de l'emploi.

GIRAUD Gaël

La théorie des jeux.

HALPÉRIN Jean-Louis

Histoire des droits en Europe. De 1750 à nos jours.

IACUB Marcela

Le crime était presque sexuel et autres essais de casuistique juridique.

KENNEDY Duncan

Sexy dressing. Violences sexuelles et érotisation de la violence.

LAÏDI Zaki

La grande perturbation.

Le sacre du présent.

LANDIER Augustin - THESMAR David

Le grand méchant marché. Décryptage d'un fantasme français.

MANIN Bernard

Principes du gouvernement représentatif.

MARX Karl

Le capital.

PASSET René

L'illusion néo-libérale.

SCHMITT Carl

La notion de politique. Théorie du partisan.

SCHUMPETER Joseph Aloïs

Impérialisme et classes sociales.

STRAUSS Léo
Droit naturel et histoire.

TAGUIEFF Pierre-André
L'illusion populiste. Essai sur les démagogies de l'âge démocratique.

VALIER Jacques
Brève histoire de la pensée économique d'Aristote à nos jours.

PHILOSOPHIE

ALAIN
Idées. Introduction à la philosophie de Platon, Descartes, Hegel, Comte.
Platon.

ADORNO Theodor
Notes sur la littérature.

ARNAULD Antoine - NICOLE Pierre
La logique ou l'art de penser.

AUDI Paul
Supériorité de l'éthique.

BARBEROUSSE Anouk - KISTLER Max - LUDWIG Pascal
La philosophie des sciences au XXe siècle.

BECK Ulrich
La société du risque. Sur la voie d'une autre modernité.

BENJAMIN Walter
Le concept de critique esthétique dans le romantisme allemand.
Origine du drame baroque allemand.

BLACKBURN Simon
Penser.

BODEI Remo
La philosophie au XXe siècle.

BRAGUE Rémi
Au moyen du Moyen Âge.
Introduction au monde grec.

CAILLÉ Alain - LAZZERI Christian - SENELLART Michel
Histoire raisonnée de la philosophie morale et politique.
tome I : De l'Antiquité aux Lumières.
tome II : Des Lumières à nos jours.

DARAKI Maria
Dionysos et la déesse Terre.

DELEUZE Gilles - PARNET Claire
Dialogues.

DERRIDA Jacques
Éperons. Les styles de Nietzsche.
Heidegger et la question. De l'esprit et autres essais.
La vérité en peinture.

DETIENNE Marcel - VERNANT Jean-Pierre
Les ruses de l'intelligence. La mètis des Grecs.

DODDS E.R.
Les Grecs et l'irrationnel.

ÉRIBON Didier
Michel Foucault.

FLASCH Kurt
Introduction à la philosophie médiévale.

GUSDORF Georges
Mythe et métaphysique. Introduction à la philosophie.

HABERMAS Jürgen
Écrits politiques.
De l'éthique de la discussion.
Morale et communication.

HEGEL
Introduction à l'esthétique. Le beau.

JAMES William
Essais d'empirisme radical.
Le pragmatisme.

JANKÉLÉVITCH Vladimir
L'ironie.
La mort.
Le pur et l'impur.
Le sérieux de l'intention. Traité des vertus I.
Les vertus et l'amour. Traité des vertus II.
L'Innocence et la méchanceté. Traité des vertus III.

JONAS Hans
Le principe responsabilité.

LASCH Christopher

La culture du narcissisme.

La révolte des élites et la trahison de la démocratie.

Le seul et vrai paradis. Une histoire de l'idéologie du progrès et de ses critiques.

LE DŒUFF Michèle

Le sexe du savoir.

Introduction à l'esthétique.

LESTEL Dominique

Les origines animales de la culture.

MACHIAVEL Nicolas

Discours sur la première décade de Tite-Live.

MAHDI Muhsin

La fondation de la philosophie politique en Islam. La cité vertueuse d'Alfarabi.

MICHÉA Jean-Claude

La double pensée. Retour sur la question libérale.

Impasse Adam Smith. Brèves remarques sur l'impossibilité de dépasser le capitalisme sur sa gauche.

MILL John Stuart

L'utilitarisme.

OKIN Susan Moller

Justice, genre et famille.

PENA-RUIZ Henri

Le roman du monde.

POPPER Karl

La connaissance objective.

QUINE William von Orman

Le mot et la chose.

RANCIÈRE Jacques

Le philosophe et ses pauvres.

RENAUT Alain

Kant aujourd'hui.

La fin de l'autorité.

REVAULT D'ALLONNES Myriam

Ce que l'homme fait à l'homme. Essai sur le mal politique.

Le dépérissement de la politique. Généalogie d'un lieu commun.

RUSSELL Bertrand

Signification et vérité.

SERRES Michel

Atlas.

Le contrat naturel.

Éclaircissements. Entretiens avec Bruno Latour.

Éloge de la philosophie en langue française.

La légende des anges.

Les origines de la géométrie.

Statues.

SPAEMANN Robert

Notions fondamentales de morale.

STEINER George

Martin Heidegger.

STIEGLER Bernard

La télécratie contre la démocratie.

Réenchanter le monde.

STRAUSS Léo

Droit naturel et histoire.

TAGUIEFF Pierre-André

Le sens du progrès.

TAYLOR Charles

Multiculturalisme. Différence et démocratie.

URVOY Dominique

Les penseurs libres dans l'islam classique.

VERNANT Denis

Introduction à la logique standard. Calcul des propositions, des prédicats et des relations.

WOTLING Patrick

La philosophie de l'esprit libre.

ŽIŽEK Slavoj

La subjectivité à venir. Essais critiques.

ABRAHAM Nicolas - TOROK Maria
L'écorce et le noyau.
Le verbier de l'homme aux loups.

AXLINE Virginia
Dibs.

BENSLAMA Fethi
La psychanalyse à l'épreuve de l'islam.

BORCH-JACOBSEN Mikkel
Lacan. Le maître absolu.

BRÉMOND Monique - GÉRARD Alain
Vrais déprimés, fausses dépressions.

DERRIDA Jacques - ROUDINESCO Élisabeth
De quoi demain… Dialogue.

DIAMANTIS Irène
Les phobies ou l'impossible séparation.

DIDIER-WEILL Alain
Quartier Lacan.

DRUON Catherine
À l'écoute du bébé prématuré.

ÉCOLE DE LA CAUSE FREUDIENNE
Lacan, l'écrit, l'image.

ERIKSON Erik
Adolescence et crise. La quête de l'identité.

GENTIS Roger
Leçons du corps.

GORI Roland
Logique des passions.

GORI Roland - DEL VOLGO Marie-José
La santé totalitaire. Essai sur la médication de l'existence

GRANOFF Wladimir
La pensée et le féminin.
Le désir d'analyse.

GRANOFF Wladimir - PERRIER François
Le désir et le féminin.

GUYOMARD Patrick
La jouissance du tragique. Antigone, Lacan et le désir de l'analyste.

HASSOUN Jacques
La cruauté mélancolique.
Les passions intraitables.

JANOV Arthur
Le cri primal.

JULIEN Philippe
Tu quitteras ton père et ta mère.

LAPLANCHE Jean
Le primat de l'autre en psychanalyse.
Vie et mort en psychanalyse.

LEBOVICI Serge
En l'homme, le bébé.

LE POULICHET Sylvie
Psychanalyse de l'informe. Dépersonnalisations, addictions, traumatismes.

MAJOR René
Lacan avec Derrida. Analyse désistentielle.

MAUCO Georges
Psychanalyse et éducation.

MILLOT Catherine
Freud anti-pédagogue.

NASSIF Jacques
Freud. L'inconscient.

OLIVIER Christiane
Les fils d'Oreste ou la question du père.

PANKOW Gisela
L'être-là du schizophrène.
L'homme et sa psychose.
Structure familiale et psychose.

POMMIER Gérard
Le dénouement d'une analyse.
Comment les neurosciences démontrent la psychanalyse.
Freud apolitique ?
La mélancolie. Vie et œuvre d'Althusser.
L'ordre sexuel.

PROKHORIS Sabine
Le sexe prescrit. La différence sexuelle en question.

RAND Nicholas - TOROK Maria
Questions à Freud.

ROUDINESCO Élisabeth
Pourquoi la psychanalyse ?

SAUVERZAC Jean-François de
Françoise Dolto. Itinéraire d'une psychanalyste.

SCHNEIDER Monique
Généalogie du masculin.
Le paradigme féminin.

SIBONY Daniel
Psychanalyse et judaïsme.

TORT Michel
La fin du dogme paternel.

VALLEUR Marc - MATYSIAK Jean-Claude
Les nouvelles formes d'addiction. L'amour – le sexe – les jeux vidéo.

RELIGION

ANATRELLA Tony
L'Église et l'amour.

BENOÎT XVI – Joseph RAZINGER
Jésus de Nazareth.

DANIÉLOU Alain
Mythes et dieux de l'Inde.

DELUMEAU Jean (dir.)
Le savant et la foi.

FAURE Bernard
Bouddhismes, philosophies et religions.
Sexualités bouddhiques. Entre désirs et réalités.

GAGNEBIN Laurent - PICON Raphaël
Le protestantisme. La foi insoumise.

GRENIER Jean
L'esprit du Tao.

HERVIEU-LÉGER Danièle
Le pèlerin et le converti. La religion en mouvement.

HORNUNG Erik
Les dieux de l'Égypte. L'un et le multiple.

KASSER Rodolphe - MEYER Marvin - WURST Gregor
L'Évangile de Judas.

KHOSROKHAVAR Farhad
Les nouveaux martyrs d'Allah.

MEYNET Roland
Lire la Bible.

OUAKNIN Marc-Alain
Invitation au Talmud

QUESNEL Michel
Jésus, l'homme et le fils de Dieu.

TRIGANO Schmuel
Qu'est-ce que la religion ?

VALADIER Paul
L'Église en procès. Catholicisme et société moderne.

VALLET Odon
Les religions dans le monde.

WEBER Max
L'éthique protestante et l'esprit du capitalisme.
Hindouisme et bouddhisme.
Le judaïsme antique.

SCIENCES HUMAINES

AMSELLE Jean-Loup
Branchements. Anthropologie de l'universalité des cultures.
Vers un multiculturalisme français. L'empire de la coutume.

ANATRELLA Tony
Non à la société dépressive.
Le sexe oublié.

APOSTOLIDÈS Jean-Marie
Les tombeaux de Guy Debord.

ARNHEIM Rudolf
La pensée visuelle.

AUBERT Nicole
Le culte de l'urgence. La société malade du temps.

AUGÉ Marc
Pour une anthropologie des mondes contemporains.

BADINTER Élisabeth
L'Amour en plus. Histoire de l'amour maternel (XVIIe-XXe siècle).

BAVEREZ Nicolas
Les trente piteuses.

BECKER Harold S.
Les mondes de l'art.

BIARDEAU Madeleine
L'hindouisme. Anthropologie d'une civilisation.

BRAUMAN Rony - FINKIELKRAUT Alain - LÉVY Élisabeth
La discorde. Israël-Palestine, les juifs et la France.

CHOMSKY Noam
Langue, linguistique, politique. Dialogues avec Mitsou Ronat.
Réflexions sur le langage.

COGARD Karl
Introduction à la stylistique.

COHEN Jean
Structure du langage poétique.

COLLECTIF
Le français dans tous ses états.

COSANDEY David
Le secret de l'Occident. Vers une théorie générale du progrès scientifique.

DERRIDA Jacques - ROUDINESCO Élisabeth
De quoi demain… Dialogue.

DEVEREUX Georges
Femme et mythe.

DIECKHOFF Alain
La nation dans tous ses états. Les identités nationales en mouvement.

DROUIN Jean-Marc
L'écologie et son histoire. Réinventer la nature.

DUMÉZIL Georges
Heur et malheur du guerrier.
Loki.
Mythes et dieux des Indo-Européens.

DURKHEIM Émile
Les règles de la méthode sociologique.

ELIADE Mircea
Forgerons et alchimistes.

ÉLIAS Norbert
La société de cour.

ENCREVÉ Pierre - LAGRAVE Rose-Marie (dir.)
Travailler avec Bourdieu.

FRÉMONT Armand
France. Géographie d'une société.
La région, espace vécu.

FUKUYAMA Francis
La fin de l'histoire et le dernier homme.

GILLIGAN Carol
Une voix si différente.

GODELIER Maurice
L'énigme du don.
La production des Grands Hommes.

GRAFMEYER Yves - JOSEPH Isaac
L'école de Chicago. Naissance de l'écologie urbaine.

GROSSER Alfred
Affaires extérieures. La politique de la France, 1944-1989.
Le crime et la mémoire.

GUÉHENNO Jean-Marie
La fin de la démocratie.

GUILLAUME Paul
La psychologie de la forme.

HARRISON Robert
Forêts. Essai sur l'imaginaire occidental.

HELL Bertrand
Possession et chamanisme. Les maîtres du désordre.
Le sang noir. Chasse et mythe du sauvage en Europe.

HORNUNG Erik
Les dieux de l'Égypte. L'un et le multiple.

JAFFRO Laurent - RAUZY Jean-Baptiste
L'école désœuvrée. La nouvelle querelle scolaire.

JULLIARD Jacques
Le choix de Pascal.

LABORIT Henri
L'homme et la ville.

LACOSTE Yves
La légende de la terre.

LE BRAS Hervé
Les limites de la planète.

LEGENDRE Pierre
Le crime du caporal Lortie. Traité sur le père.

MAFFESOLI Michel
La part du diable. Précis de subversion postmoderne.

MANENT Pierre
La cité de l'homme.

MARGALIT Avishai
La société décente.

MÉDA Dominique
Qu'est-ce que la richesse ?
Le travail. Une valeur en voie de disparition.

RENAUT Alain
Alter ego. Les paradoxes de l'identité démocratique.

MORIN Edgar
La complexité humaine.

MOSCOVICI Serge
Essai sur l'histoire humaine de la nature.

MURAY Philippe
Festivus, festivus.

PAPERT Seymour
Jaillissement de l'esprit.

RÉMOND René
La politique n'est plus ce qu'elle était.

RENFREW Colin
L'énigme indo-européenne. Archéologie et langage.

RENOU Louis
La civilisation de l'Inde ancienne d'après les textes sanskrits.

RÉUNION DES MUSÉES NATIONAUX
Archéologie de la France.

SOMMIER Isabelle
Le renouveau des mouvements contestataires à l'heure de la mondialisation.

STOETZEL Jean
La psychologie sociale.

TOELLE Heidi - ZAKHARIA Katia
À la découverte de la littérature arabe.

WALLON Henri
De l'acte à la pensée.

WOLTON Dominique
L'autre mondialisation.
Éloge du grand public. Une théorie critique de la télévision.
Internet et après ? Une théorie critique des nouveaux médias.
Naissance de l'Europe démocratique.
Penser la communication.
Sauver la communication.

ŽIŽEK Slavoj
Bienvenue dans le désert du réel.
Que veut l'Europe ? Réflexions sur une nécessaire réappropriation.

N° d'édition : L.01EHQN000485.N001
Dépôt légal : septembre 2010
Imprimé en Espagne par Novoprint (Barcelone)